AWV-Schrift 06 595

Sicherheit, Haltbarkeit und Beschaffenheit optischer Speichermedien

AWV – Arbeitsgemeinschaft für wirtschaftliche Verwaltung e. V.

Die Deutsche Bibliothek – CIP-Einheitsaufnahme

Sicherheit, Haltbarkeit und Beschaffenheit optischer Speichermedien / AWV – Arbeitsgemeinschaft für wirtschaftliche Verwaltung e. V. [Verf.: Mitglieder der Projektgruppe „Sicherheit, Haltbarkeit und Beschaffenheit der zur Zeit verfügbaren optischen Speichermedien" des Arbeitskreises „Computer Output Management" (Leiter der Projektgruppe: Hans-Dieter Skottki): Gerhard Albert ...]. – Eschborn : AWV, 1999
ISBN 3-931193-27-6

ISBN 3-931193-27-6

© AWV-Eigenverlag, Eschborn 1999

Herausgeber:

AWV – Arbeitsgemeinschaft für wirtschaftliche Verwaltung e. V.
Postfach 51 29, 65726 Eschborn, Düsseldorfer Str. 40, 65760 Eschborn
Telefon (0 61 96) 4 95-3 88, Telefax (0 61 96) 4 95-3 51,
e-Mail: info@awv-net.de, Internet: http://www.awv-net.de

Verfasser:

Mitglieder der Projektgruppe „Sicherheit, Haltbarkeit und Beschaffenheit der zur Zeit verfügbaren optischen Speichermedien" des Arbeitskreises „Computer Output Management" (Leiter der Projektgruppe: Hans-Dieter Skottki):

Gerhard Albert	Anacomp GmbH, Wiesbaden
Dr. Andreas Jurjanz	Jurjanz Bürosysteme GmbH, Dresden
Bernd Klee	PoINT Software & Systeme GmbH, Siegen
Wolfram Klos	RIMAGE Europe GmbH, Dietzenbach
Dr. Stephan Küper	PDO Media GmbH, Wiesbaden
Uwe Ludwig	MITSUI CHEMICALS Europe GmbH, Düsseldorf
Heinz Müller-Saala	Infothek Imaging, Eching
Ulf Rathje	Bundesarchiv, Koblenz
Hans-Dieter Skottki	KODAK AG, Berlin
Roland Stachowiak	Bundesamt für Zivilschutz, Bonn
Roland Wirth	AWV, Eschborn

Weitere Mitglieder der Projektgruppe

Rainer Geißler	GRZ Halle GmbH, Halle
Rainer Jacobs	Agfa Deutschland GmbH, Köln
Udo Noll	RIMAGE Europe GmbH, Dietzenbach

Best.-Nr. 06 595

Inhalt

1 Vorwort 7

2 Grundsätze der Speicherung – technisch, rechtlich, organisatorisch .. 10

   2.1 Grundsätze der Speicherung – aus technischer Sicht................... 10

   2.2 Grundsätze der Speicherung – aus rechtlicher Sicht.................... 11

   2.3 Grundsätze der Speicherung – aus organisatorischer Sicht 13

   2.4 Grundsätze der Speicherung – aus qualitätsmäßiger Sicht 13

3 Austauschbarkeit, Lesbarkeit und Interpretierbarkeit 14

   3.1 Austauschbarkeit 14

   3.2 Lesbarkeit 14

   3.3 Interpretierbarkeit 15

   3.4 Zusammenfassung 15

4 Beschreibung der Medien 16

   4.1 Optische Speicherplatten (WORM) 16

       4.1.1 Einsatzgebiete 16

       4.1.2 Standards 16

       4.1.3 Kapazitäten 17

       4.1.4 Aufzeichnungsverfahren 17

       4.1.5 Qualitätssicherung 19

       4.1.6 Zugriffshäufigkeit/Abnutzung 20

       4.1.7 Handhabung 20

       4.1.8 Sicherheitsausrüstung 20

       4.1.9 Datensicherheit 20

       4.1.10 Lebensdauererwartung 20

   4.2 Mikrofilm 21

       4.2.1 Einsatzgebiete 21

4.2.2	Standards	21
4.2.3	Kapazitäten	22
4.2.4	Aufzeichnungsverfahren	22
4.2.5	Qualitätssicherung	22
4.2.6	Zugriffshäufigkeit/Abnutzung	23
4.2.7	Handhabung	23
4.2.8	Sicherheitsausrüstung	24
4.2.9	Datensicherheit	24
4.2.10	Lebensdauererwartung	25
4.3	Compact Disk	26
4.3.1	Einsatzgebiete	26
4.3.2	Standards	27
4.3.3	Kapazitäten	27
4.3.4	Aufzeichnungsverfahren	27
4.3.5	Qualitätssicherung	27
4.3.6	Zugriffshäufigkeit/Abnutzung	28
4.3.7	Handhabung	28
4.3.8	Sicherheitsausrüstung	29
4.3.9	Datensicherheit	29
4.3.10	Lebensdauererwartung	30
4.4	Magneto-Optische Speichermedien	30
4.4.1	Einsatzgebiete	30
4.4.2	Standards	30
4.4.3	Kapazitäten	31
4.4.4	Aufzeichnungsverfahren	31
4.4.5	Zertifizierung	33
4.4.6	Zugriffshäufigkeit/Abnutzung	33
4.4.7	Handhabung	33
4.4.8	Sicherheitsausrüstung	33

		4.4.9	Datensicherheit	34
		4.4.10	Lebensdauererwartung	34

Matrix der Medien 35

6 Lebensdauerschätzungen für optische Speichermedien – Ermittlung von erwarteter Lebensdauer und praktische Relevanz für den Anwender 41

    6.1 Allgemeines zur Lebensdauer von Datenträgern 41

        6.1.1 Zu erwartende Lager- oder Benutzungsbedingungen 41

        6.1.2 End-of-Life-Kriterium 42

        6.1.3 Zuverlässigkeit der Lebensdauerschätzung 43

        6.1.4 Qualität des Datenträgers 43

    6.2 Beschleunigte Alterungstests 44

    6.3 Vergleichbarkeit von Lebensdauerangaben 45

    6.4 Praktische Relevanz von Lebensdauerangaben 46

    6.5 Nutzen von Lebensdauertests für den Anwender 46

7 Trends 48

    7.1 CD und DVD 48

    7.2 Optische Speicherplatten und Magneto-Optische Speicherplatten 48

    7.3 Mikrofilm 49

8 Entscheidungshilfen für den Anwender 50

    8.1 Erstellung eines Anforderungsprofils 50

    8.2 Entscheidungsanalyse 51

    8.3 Anwendungsbeispiele 53

Anhang 58

    Abkürzungen und Fachbegriffe 58

    Kompatibilitätsstandards für die CD 63

1. Red Book – CD-Audio-Standard 64
2. Yellow Book – CD-ROM-Standard 65
3. Green Book – CD-I-Standard 67
4. Orange Book – Standard für beschreibbare CDs 67
5. Die CD-BRIDGE-Spezifikation 70
6. ISO 9660 und seine Anwendung auf BRIDGE-CDs 70
7. Bekannte erweiterungen zu ISO 9660 71
8. Weitere bekannte Standards 72
9. Paketaufzeichnung und UDF... 72

Übersicht Normen und Standards 75
Entscheidungstabelle 82
Abbildungsverzeichnis 83
Quellen und Literatur 84

1 Vorwort

In der heutigen Geschäftswelt ersetzen die Geräusche der Computertastatur und des Computers zunehmend das Rascheln von Papier – sie wird transformiert durch digitale Informations-Management-Technologien. Dabei ist es wichtig, sich nicht nur mit modernen DV-gestützten und -gesteuerten Arbeitsprozessen zu befassen, sondern auch mit Speicher- und Archivmedien, die das Papier immer mehr ersetzen.

Die vorliegende AWV-Schrift informiert über die Sicherheit, Haltbarkeit und Beschaffenheit der zur Zeit verfügbaren Optischen Speichermedien, die in Arbeitsprozesse integriert werden können. Es sind dies die digitalen Speichermedien Magneto Optical Disk (MOD), CD-R und die Optical Disk sowie nach wie vor die analogen Speichermedien Mikrofilm und Mikroplanfilm (Mikrofiche).

Das in der Geschäftswelt etablierte „historische" Speichermedium Papier behält weiterhin seinen Stellenwert für die Archivierung von Urkunden (z. B. Heirats- und Geburtsurkunden, Gesellschafterverträgen etc.), soll aber in dieser Schrift nicht behandelt werden. Ebensowenig sind Optical Tapes (etwa für die Archivierung von riesigen Datenmengen aus Seismischen Anwendungen, Astronomie oder Weltraumforschung) sowie rein magnetische Speichermedien (Magnetbänder) Gegenstand dieser Veröffentlichung.

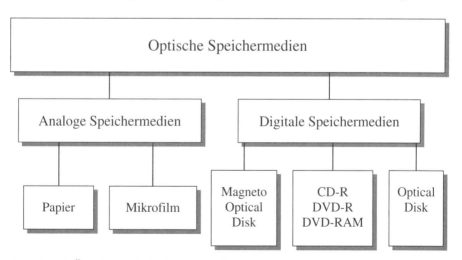

Abbildung 1: Übersicht optische Speichermedien

Obwohl die Schrift sich in erster Linie mit den Eigenschaften der Medien befaßt, soll es nicht versäumt werden, auf Besonderheiten beim Einsatz von optischen Speichermedien hinzuweisen, die beachtet werden müssen. Das gilt insbesondere unter dem Aspekt, daß die neuesten gesetzlichen Aufbewahrungsfristen gemäß Handelsgesetzbuch (HGB), Abgabenordnung (AO) und Grundsätze ordnungsgemäßer DV-gestützter Buchführungssysteme (GoBS) für aufbewahrungspflichtige Unterlagen und Belege ab 1999 generell 10 Jahre nach dem laufenden Jahr betragen (siehe AWV-Schrift: Aufbewahrungspflichten und -fristen nach Handels- und Steuerrecht, 1999).

Die Archivfähigkeit der am Markt angebotenen digitalen Optischen Speichermedien zeichnet sich durch eine lange Lebensdauer von bis zu 100 Jahren aus. Dabei ist jedoch zu beachten, daß Lebensdauer nicht gleichzeitig Verfügbarkeit der zum Schreiben und Lesen der von den digitalen Optischen Speichermedien benötigten Technologie bedeutet. Das betrifft nicht nur die Hardware, sondern auch die Betriebssysteme und die Anwendungssoftware. Bei der Auswahl der Medien und damit verbunden auch der Hard- und Software sollte der Anwender sich darüber im klaren sein, daß er nicht nur eine Technologieentscheidung über einen Zeitraum von 10 Jahren trifft, sondern weit darüber hinaus. Nachstehende Graphik macht deutlich, daß bei einer Investition mit Abschreibungsbeginn im Jahre 1999 die Aufbewahrungsfrist eigentlich erst im 5. Jahr der Abschreibung (= laufendes Jahr im Sinne von AO, HGB und GoBS) beginnt und damit erst 15 Jahre nach Investitionsbeginn endet.

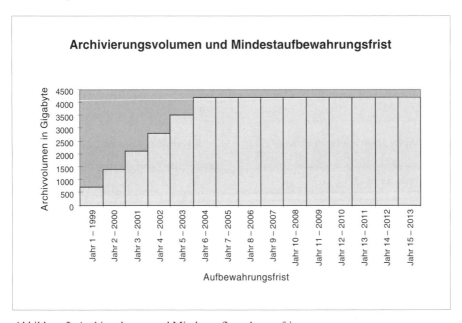

Abbildung 2: Archivvolumen und Mindestaufbewahrungsfrist

Das digitale System muß noch 10 Jahre nach der letzten Archivierung verfügbar sein. Der Anwender muß also sicherstellen, daß er über den gesamten Zeitraum hinweg auch Ersatzbeschaffungen an gleicher oder kompatibler Hardware und/oder Software tätigen kann, ohne die archivierten Daten auf neue Systeme und Archivmedien migrieren zu müssen.

Aus diesen Gründen behandelt diese Schrift auch den Mikrofilm als das zur Zeit garantiert einzige Langzeitspeichermedium mit einer Lebenserwartung von 500 Jahren und mehr. Der Mikrofilm soll dabei nicht als Ersatz betrachtet werden, sondern als Medium, welches in Hybridsystemen eine vernünftige Ergänzung zu den digitalen Optischen Speichermedien darstellt:

- Die digitalen Optischen Speichermedien übernehmen alle Aufgaben während der arbeits- und prozeßintensiven Phase im Lebenszyklus der Daten und Dokumente.

- Der Mikrofilm übernimmt unter dem Aspekt der Langzeitarchivierung die sichere Archivfunktion.

Früher wurde eine Entscheidung entweder für ein digitales Optisches Medium oder für Mikrofilm getroffen. Heute setzt sich die Erkenntnis durch, daß man verschiedene Medien sinnvoll nebeneinander einsetzen kann. Denn die in dieser Schrift behandelten Medien müssen nicht zwangsläufig im Wettbewerb zueinander stehen, sondern ergänzen sich gegenseitig. Diese Veröffentlichung will dabei helfen, den richtigen „Medienmix" für eine optimale Gestaltung von Anwendungen und Archivlösungen zu finden.

2 Grundsätze der Speicherung – technisch, rechtlich, organisatorisch

Wenn vom Begriff der Speicherung die Rede ist, dann sind normalerweise Speichermedien aus der EDV angesprochen, obwohl auch Papier, das trotz aller technischen Fortschritte immer noch in überwiegendem Maße Grundlage aller Geschäftstätigkeit ist, in diesem Sinn als Speichermedium angesehen werden muß und in großem Umfang in der Originalform aufbewahrt wird.

2.1 Grundsätze der Speicherung – aus technischer Sicht

Alle Vorgänge in Unternehmen und Behörden werden in irgendeiner Form dokumentiert, sei es in direkt lesbarer Form (analoge Darstellung)

- auf Papier,
- konventionellem Mikrofilm oder durch
- direkte Computerausgabe auf Mikrofilm (COM), oder in codierter (CI) oder digitalisierter Form (NCI) auf
  - magnetischen,
  - optischen oder
  - Magneto-Optischen Speichermedien.

Während die analog gespeicherten Daten entweder ganz ohne Hilfsmittel (Papier) oder mit einfachen Hilfsmitteln (Mikrofilm) wieder gelesen werden können, bedarf es zur Rückführung von gespeicherten CI- und NCI-Daten mehr oder minder aufwendiger Hard- und Software. Analog gespeicherte Daten können zwar für sehr lange Zeit sicher und ohne Informationsverlust aufbewahrt werden, es ist jedoch häufig – trotz exakter Kenntnis der Fundstelle – ein größerer Zeitaufwand erforderlich, um sie dem Benutzer wieder zur Verfügung zu stellen. Demgegenüber können elektronisch gespeicherte Daten durch automatisierte Zugriffsmöglichkeiten, z. B. in Jukeboxen, in einer unvergleichbar kürzeren Zeit verfügbar gemacht werden.

Um die Gefahr auszuschließen, daß die Daten bei Bedarf nicht mehr lesbar sind, müssen sie gegebenenfalls während der Zeit ihrer Aufbewahrung immer wieder migriert, d. h. auf neue Systeme und/oder Medien übertragen werden.

2.2 Grundsätze der Speicherung – aus rechtlicher Sicht

Wesentliche Gesichtspunkte, die für eine nicht papiergebundene Speicherung und Archivierung sprechen, sind einerseits der schnelle und komfortable Informationszugriff und auf der anderen Seite die in vielen Fällen zulässige Vernichtung der Papieroriginale, womit eine ganz wesentliche Platzersparnis verbunden ist. Auf jeden Fall aber sind bei dieser Entscheidung die gesetzlichen Vorschriften in HGB, AO, GoBS, Bürgerlichem Gesetzbuch (BGB) und Bundesdatenschutzgesetz (BDSG) zu beachten. (vgl. Geis (Hg.): Das digitale Dokument, 1995; Susallek, Stickelbrocks: Die digitale Finanzbehörde, 1997; BMF-Schreiben vom 7.11.1995, IV A7 – S 0314 – 1/92, veröffentlicht im BStBl 1995 I, S. 738 ff.)

Grundsätzlich sind für die Speicherung und Archivierung von Dokumenten folgende Voraussetzungen zu erfüllen:

- Ordnungsmäßigkeit
- Vollständigkeit
- Sicherheit des Gesamtverfahrens
- Schutz vor Veränderung und Verfälschung
- Sicherung vor Verlust
- Nutzung nur durch Berechtigte
- Einhaltung der gesetzlichen Aufbewahrungsfristen
- Dokumentation des Verfahrens
- Nachvollziehbarkeit
- Prüfbarkeit

Es dürfen zwar in Unternehmen alle Dokumente in einer anderen als der Papierform archiviert werden, jedoch müssen eine ganze Reihe von Dokumentenarten wie Eröffnungsbilanz, Jahresabschluß, Lagebericht, Konzernabschluß, Konzernlagebericht, Arbeitsanweisungen und alle mit den genannten Dokumentenarten verbundenen Dokumente zusätzlich noch in der Urform (im Original) aufbewahrt werden. Unabhängig davon, welches Medium Verwendung findet, sollte immer gleichzeitig eine zweite (Sicherungs-)Kopie als Backup erstellt werden, da alleine der Anwender für Datenverlust und die sich daraus ergebenden Konsequenzen haftet. Wer die regelmäßige und sorgfältige Datensicherung unterläßt, hat, wenn Daten verlorengehen, in der Regel keinen Schadensersatzanspruch gegenüber den Herstellern von EDV-Anlage und Medien und verstößt gegen seine eigenen Interessen (siehe COMPUTERWOCHE 32/98, Seite 69).

Voraussetzung für eine ausschließliche Aufbewahrung von Dokumenten auf analogen oder digitalen optischen Speichermedien ist, daß während des vorgeschriebenen Aufbewahrungszeitraums jederzeit innerhalb einer angemessenen Frist (der Begriff „angemessene Frist" ist jedoch nicht näher bestimmt) eine Wiedergabe möglich ist. Diese Wiedergabe muß bei empfangenen Handels- und Geschäftsbriefen sowie Buchungsbelegen bildlich, bei allen anderen Unterlagen inhaltlich mit den Originalen übereinstimmen. Das bedeutet, daß die Speicherung und Archivierung der bildlich darzustellenden Dokumente entweder als vollständiges Bild (Brutto-Image) erfolgen muß oder alternativ als Netto-Image mit Separatspeicherung des unveränderlichen Hintergrundes (Formular, Briefvordruck etc.). In diesem Fall muß jedoch sichergestellt werden, daß zur Wiedergabe der Nettoinhalt mit dem korrekten Hintergrund überlagert wird, so daß das reproduzierte Dokument in Erscheinungsbild und Inhalt exakt demjenigen zum Zeitpunkt des Entstehens entspricht.

Eine weitere wichtige Forderung an das eingesetzte System ist, daß Dokumente, die nicht mehr als Papieroriginal aufbewahrt werden, während der vorgeschriebenen Aufbewahrungsfrist weder verändert noch gelöscht werden können, und daß sie durch einen eindeutigen und unveränderbaren Index wiedergefunden werden können.

Weitere Hinweise zur korrekten Speicherung finden sich in den Grundsätzen ordnungsmäßiger Speicherbuchführung, die neben den Anforderungen an ordnungsmäßige Speicherung und Wiedergabe auch Aussagen über die ordnungsmäßige Transformation (Eingabe) enthält. Bei der ordnungsgemäßen Transformation muß sichergestellt werden, daß bei Eingabe und Speicherung der Dokumente keine Veränderungen stattfinden können. Außerdem muß die Transformation nachvollziehbar sein und nach einer festgelegten Methode erfolgen. Das bedeutet, daß die Dokumente vollständig mit sämtlichen Randinformationen gescannt werden und gegebenenfalls Rückseiteninformationen wie „Allgemeine Geschäftsbedingungen" mit erfaßt werden. Mehrseitige Dokumente samt Rückseiten und Allongen müssen eindeutig miteinander verknüpft werden.

2.3 Grundsätze der Speicherung – aus organisatorischer Sicht

Unter dem Zwang der Rationalisierung und der Integration bestehender Geschäftsprozesse können Speicherungs- und Archivierungskonzepte nicht isoliert betrachtet werden. Sie müssen vielmehr konsistent mit den Anforderungen eingesetzter Workflow- oder Dokumenten-Management-Systeme sein, so daß einerseits Anforderungen wie schneller Zugriff und leichte Bearbeitbarkeit befriedigt, andererseits aber die oben genannten gesetzlichen Vorgaben beachtet und erfüllt werden. Gegebenenfalls ist anzustreben, daß die Archivierung in einer hierarchischen Abstufung erfolgt. Das heißt, daß von jedem Sachbearbeiter unmittelbar auf „lebende Daten" zugegriffen werden kann, während die Langzeitarchivierung auf einem hierzu geeigneten Medium erfolgt. Beim heutigen Stand der Technik ist – mit unterschiedlichem technischen Aufwand – die Möglichkeit der Migration von jedem Medium zu jedem anderen Medium gegeben.

2.4 Grundsätze der Speicherung – aus qualitätsmäßiger Sicht

In späteren Kapiteln wird noch ausführlich auf Normen, Qualitätsanforderungen und Zertifizierungsverfahren eingegangen, deren Beachtung und Anwendung während der Fertigung von Datenträgern erst die Voraussetzungen zum Erreichen der spezifizierten Lebensdauererwartungen schaffen. Die Beachtung dieser Vorschriften ist kostenaufwendig und gehört leider nicht bei allen Herstellern zum Fertigungsstandard. Deshalb sei an dieser Stelle der Nutzer ausdrücklich vor dem Einsatz von Billigware gewarnt. Seriöse Hersteller sind durchaus bereit, die Prüfverfahren offenzulegen, die bei ihnen zur Qualitätssicherung eingesetzt werden.

3 Austauschbarkeit, Lesbarkeit und Interpretierbarkeit

Für die Eignung von Speichermedien sind nicht nur die physikalischen Eigenschaften von Bedeutung, sondern es sind auch die folgenden grundsätzlichen Aspekte zu berücksichtigen.

3.1 Austauschbarkeit

Datenträger können in systembezogene und systemunabhängige Medien unterteilt werden.

Zu den Datenträgern der ersten Kategorie gehören u. a. Hard-Disks, die systemspezifisch formatiert werden und nach Entnahme aus dem System nur dort wieder gelesen werden können. Bei einem massivem Defekt auf dieser Anlage besteht keine Möglichkeit mehr, den oder die Datenträger zu lesen.

Bei Medien der zweiten Kategorie besteht diese Gefahr nicht: Ein auf System A beschriebenes Medium kann auf System B gelesen werden.

Ein Medium ist dann austauschbar, wenn es aus dem Schreibgerät entnommen und durch ein anderes Medium mit gleichen physikalischen und ggf. auch logischen Eigenschaften ersetzt werden kann. Im weiteren Sinne versteht man unter Austauschbarkeit die Portierbarkeit des Datenträgers auf andere Geräte oder Systeme.

3.2 Lesbarkeit

Die physikalische Austauschbarkeit beinhaltet nicht die Lesbarkeit eines Mediums. Zur Lesbarkeit gehört die logische Aufzeichnungskompatibilität des Datenträgers. Gleiche Datenträger können systemabhängig völlig unterschiedlich strukturiert sein. Je nach Anwendung können die Medien unterschiedlich optimiert formatiert werden. Beispielsweise ist es sinnvoll für den Gebrauch von vorwiegend langen zusammengehörigen Datenstrukturen, die Formatstruktur entsprechend großzügig zu halten. Dagegen sind kleine Datensätze oft besser auf entsprechend klein unterteilten logischen Formatstrukturen unterzubringen. Auch die Zugriffshäufigkeit hat einen Einfluß auf das gewählte Format.

Wenn auch die physikalische Struktur des Formates zweier Medien kompatibel ist, kann der logische Aufbau dennoch unterschiedlich sein. Hier setzen die unterschiedlichen Betriebssysteme oft verschiedene Inhaltsverzeichnisse auf den Datenträger. Betriebssystem A kann dann die Datenlokation eines Mediums, das mit Betriebssystem B beschrieben wurde, nicht feststellen.

Die Lesbarkeit bedeutet neben der Austauschbarkeit auch die Formatkompatibilität des Mediums sowohl in physikalischer als auch in logischer Hinsicht.

3.3 Interpretierbarkeit

Austauschbarkeit und Lesbarkeit von Datenträgern beinhalten jedoch noch nicht die Interpretierbarkeit der Daten. Zur Interpretation der Daten werden Softwareprogramme benötigt, welche die Daten entsprechend ihren Konventionen interpretieren können. Wird beispielsweise ein Datensatz mit einem Zeichenprogramm erstellt, kann dieser Satz nicht direkt von einem Textverarbeitungsprogramm interpretiert werden.

3.4 Zusammenfassung

Bei der Auswahl des in Frage kommenden Datenträgers spielen neben den physikalischen Eigenschaften auch der logische Aufbau und die zur Beschreibung und Interpretation verwendeten Programme eine maßgebliche Rolle für die spätere Lesbarkeit der Daten. Natürlich müssen auch die passenden Leselaufwerke verfügbar sein.

4 Beschreibung der Medien

4.1 Optische Speicherplatten (WORM)

Um große Datenmengen an Computer-Output und digitalisierte/gescannte Bilder (Belege) revisionssicher zu speichern bzw. zu archivieren und in DV-gestützte Arbeitsflußprozesse integrieren zu können, wurden Anfang der achtziger Jahre als Alternative zu den traditionellen analogen Datenspeichern (Mikrofilm) die ersten Optischen Speicherplatten mit dem Format 12" mit WORM-Technologie (**W**rite **O**nce **R**ead **M**any) entwickelt und auf den Markt gebracht. Mitte der Achtziger Jahre führte die Weiterentwicklung bei diversen Herstellern auch zu den Formaten der 5¼" und 14" Optischen Speicherplatten.

4.1.1 Einsatzgebiete

Die WORM-Technologie ist für die Aufzeichnung und Speicherung von Daten und Dokumenten in Anwendungen geeignet, bei denen es darauf ankommt, große Informationsmengen im direkten Zugriff zu haben, bzw. große Mengen an Daten und Dokumenten revisionssicher zu speichern.

4.1.2 Standards

Die Standardisierung (Normierung) der Optischen Speicherplatten ist stark unterschiedlich: Bei den 5¼" Optischen Speicherplatten sind zwar Gehäuse und Medienformat mit der ISO 10089 bzw. ISO 9171 normiert, nicht jedoch das Medium selber und das Aufzeichnungsformat. Damit ist der Austausch der 5¼" Optischen Speicherplatten zwischen den Laufwerken der verschiedenen Hersteller nur teilweise möglich. Entscheidend für den Anwender ist jedoch, daß er sich in der Regel auf Industriestandards verlassen kann, d. h. auf den Standard, den ein Hersteller durch einen breiten Einsatz seiner Technologie am Markt setzt.

Die 12" Optischen Speicherplatten besitzen keine Normierung. Selbst bei Optischen Speicherplatten desselben Herstellers ist keine Auf- und Abwärtskompatibilität gewährleistet. Die 14" Optischen Speicherplatten besitzen mit ISO 10885 einen Standard, welcher das Gehäuse, Medienformat, Medium und Aufzeichnungsformat definiert. Auf- und Abwärtskompatibilität ist dadurch sichergestellt.

4.1.3 Kapazitäten

Die mittlerweile angebotenen Speicherkapazitäten reichen bei 5¼" Optischen Speicherplatten von 2,6 bis 5,2 GB, bei 12" bis 16 GB, und bei 14" bis 25 GB. In Verbindung mit Jukeboxen können so Daten im Umfang mehrerer Terabyte sicher und unveränderbar aufgezeichnet, gespeichert und online für den Rückgriff in DV-gestützten Arbeitsflußprozessen zur Verfügung gestellt werden.

4.1.4 Aufzeichnungsverfahren

Als verzugsfreie und maßhaltige Trägermaterialien, die hohen Betriebsanforderungen genügen, werden Glas, Kunststoff und Metallegierungen eingesetzt. Für die auf dem Trägermaterial aufgebrachten Speicherschichten werden – von Hersteller zu Hersteller verschiedene – hitzeempfindliche Materialien (Legierungen (Alloy) und Mineralstoffe) benutzt, die sich bei Erhitzung durch einen Laserstrahl entsprechend irreversibel verformen und so die Daten unveränderbar und sicher speichern.

Von den Herstellern werden mit der WORM-Technologie folgende Aufzeichnungsverfahren angeboten:

Ablative:

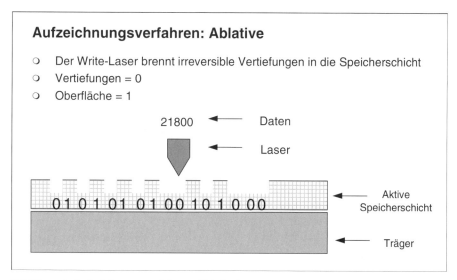

Abbildung 3: Aufzeichnungsverfahren „Ablative"

Alloying:

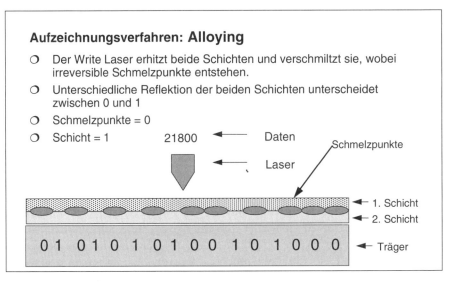

Abbildung 4: Aufzeichnungsverfahren „Alloying"

Bubble-Forming:

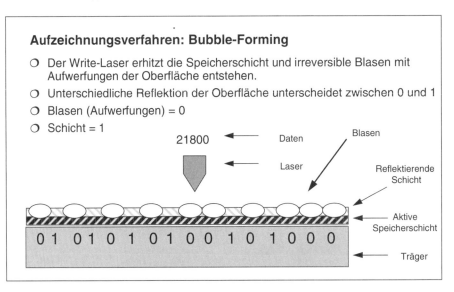

Abbildung 5: Aufzeichnungsverfahren „Bubble Forming"

Phase-Change:

Der Laser erhitzt mit 220 °C eine amorphe Speicherschicht und formt irreversible Kristalle. Das spezielle Material verliert auch bei Erhitzung auf den Schmelzpunkt von über 500 °C nicht seine kristalline Struktur.

Beim Rückgriff auf die Daten wird der Laserstrahl von der Speicherschicht differenziert reflektiert und erlaubt dadurch die Unterscheidung zwischen einer binären „1" oder „0", unabhängig davon, ob es sich bei den gespeicherten Informationen um reine Daten (Computer-Output) oder digitalisierte/gescannte Bilder (Belege) handelt.

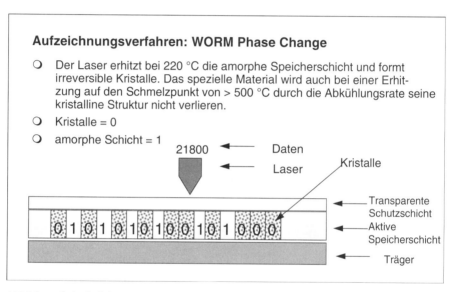

Abbildung 6: Aufzeichnungsverfahren „Phase change"

4.1.5 Qualitätssicherung

Um eine maximale Zuverlässigkeit zu erreichen, werden die Speicherplatten vorformatiert. Dabei wird jede Seite mit Servoinformationen versehen und kann über Sektoren adressiert werden. Jeder Sektor beinhaltet, je nach Hersteller, 512, 1024 oder 2048 Byte. Bei der Herstellung werden alle Sektoren auf Beschreibbarkeit überprüft. Fehlerhafte Sektoren werden gesperrt. Damit stehen dem Anwender immer die vom Hersteller definierten Speicherkapazitäten zur Verfügung.

4.1.6 Zugriffshäufigkeit/Abnutzung

Optische Speicherplatten unterliegen durch das Laser-Abtastverfahren in den Laufwerken keinem mechanischem Verschleiß. Aus Sicherheitsgründen sollte jedoch immer eine zweite optische Speicherplatte als Backup erstellt werden, da alleine der Anwender für Datenverlust haftet.

4.1.7 Handhabung

Die Oberfläche von Optischen Speicherplatten darf nicht berührt werden. Deshalb werden sie in einer geschlossenen Kassette (Cartridge) benutzt, die die Oberfläche der Platte erst beim Einführen in die Jukebox bzw. in das Laufwerk freigibt. Versehentliches Berühren der Oberfläche ist damit ausgeschlossen.

4.1.8 Sicherheitsausrüstung

Jede Optische Speicherplatte ist durch eine Kassette (Cartridge) geschützt. Die Daten selbst sind unter Schutzschichten aufgezeichnet. Außerdem sind in einigen Jukeboxen zusätzliche Sicherheitssysteme integriert (z. B. leichter Überdruck), die eine Beeinflussung durch Umweltverschmutzungen verhindern.

4.1.9 Datensicherheit

Beim Schreiben der Daten auf die Optischen Speicherplatten erfolgt eine automatische Prüfung, ob die Informationen richtig und vollständig aufgezeichnet wurden. Die Zuverlässigkeit für die optische Speicherung der Daten wird bei den meisten Herstellern durch einen automatischen „read-after-write"-Abgleich und Reed-Solomon Error Correction Codes (ECC) gesichert. Die Fehlerrate beträgt damit weniger als 1 Bit in 10^{12} Bits mit ECC. Damit ist die Zuverlässigkeit der Datenspeicherung gewährleistet.

4.1.10 Lebensdauererwartung

Mit beschleunigten Alterungstests wurde die Lebenserwartung von Optischen Speicherplatten unter Extrembedingungen von –10 °C bis 70 °C und einer relativen Luftfeuchte von über 85 % bis hin zur Taubildung ermittelt. Eine Analyse der Meßergebnisse ergibt unter Bürobedingungen eine Prognose für eine Lebensdauer von bis zu 100 Jahren und mehr. Die Hersteller machen aber, um auf der sicheren Seite zu sein, nur konservative Angaben zwischen 30 und 100 Jahren Lebenserwartung.

4.2 Mikrofilm

Mit den ersten Daguerreotypien im Jahre 1839 erzielte die fotografische Bildaufzeichnung erste praktische Bedeutung. Mikrofilm im noch heute gängigen Format von 16 mm wurde erstmals 1928 mit einer umgebauten Kinekamera bei einer New Yorker Bank für die Mikroverfilmung von Schecks eingesetzt. Diese Mikrofilme sind noch heute lesbar.

4.2.1 Einsatzgebiete

Mikrofilm kommt überall dort zum Einsatz, wo große Mengen an Computerdaten, Bildern/Belegen, Zeichnungen etc. über lange, zum Teil „historische" Zeiträume hinweg revisionssicher und unveränderbar gespeichert werden müssen.

Während der pan-chromatische Schwarzweiß-Mikrofilm zur Aufzeichnung von Strichvorlagen (Computerdaten, Beleg- und Schriftgut, Zeichnungen etc.) nachgewiesenermaßen hervorragend geeignet ist, sollten hinsichtlich der absolut originalgetreuen Darstellung von Halbtonvorlagen (röntgenfotografische, speziell mammografische Abbildungen, aber auch Fotografien in Schwarzweiß oder Farbe) spezielle Entwicklungsverfahren und Materialien eingesetzt werden. In Hybridsystemen können Computerdaten, Bilder/Belege, Zeichnungen etc. parallel sowohl auf Mikrofilm als auch auf digitalen Speichermedien ausgegeben werden.

Auf Mikrofilm gespeicherte Daten können direkt vom Mikrofilm gescannt und elektronischen Arbeitsprozessen wieder zur Verfügung gestellt werden. Mit moderner OCR-Software können aus den vom Mikrofilm gescannten Dokumenten wieder DV-lesbare Informationen gewonnen werden, die in elektronische Arbeitsprozesse eingebunden werden können.

4.2.2 Standards

Die Herstellung, Entwicklung, Prüfung und Archivierung von Mikrofilmen sind genormt nach ISO-EN und DIN (siehe Kapitel Qualitätssicherung).

Dadurch, daß der Mikrofilm keiner technischen Interpretation bei der Auswertung bedarf, kann er beliebig zwischen den Lese- und Rückvergrößerungsgeräten sowie Mikrofilm-Scannern der verschiedensten Hersteller ausgetauscht werden. Ein Kompatibilitätskonflikt ist ausgeschlossen.

4.2.3 Kapazitäten

Bei 50facher Verkleinerung werden ca. 380 DIN-A4-Seiten à 50 KB (entspricht Scannen mit 200 dpi) auf einem Meter 16-mm-Mikrofilm aufgezeichnet. Das sind pro Meter 19 MB bzw. bei einer Filmlänge von 65 m insgesamt 1,235 GB.

4.2.4 Aufzeichnungsverfahren

Das Aufzeichnungsverfahren ist ein optisches Verfahren, bei dem über ein Objektiv oder über Laserstrahl bzw. Laser-LED direkt auf den Mikrofilm aufgezeichnet wird. Nach der Belichtung wird der Mikrofilm in einem chemischen Verfahren haltbar und archivfähig entwickelt.

4.2.5 Qualitätssicherung

Für die Herstellung, Entwicklung, Prüfung und Archivierung von Mikrofilm gibt es diverse Normen für die Qualitätssicherung. Eine Aufstellung der Normen findet sich im Anhang.

In der ISO 10602: 1995 und der DIN 19070: Teil 1/ISO 4331 werden die Spezifikationen für die Haltbarkeit von Mikrofilmen beschrieben. Jeder Mikrofilm wird nach diesen Qualitätssicherungsnormen gefertigt. In der ISO 10602: 1995 werden außerdem die Meßmethoden für Lebensdauertests beschrieben.

Die Qualität des Entwicklungsprozesses wird mit dem Methylenblau-Test gemäß DIN 19069/ISO 417 gemessen. Mikrofilme mit einer Lebenserwartung von 500 Jahren dürfen danach einen maximalen Gehalt von 0,7 µg/cm² Restthiosulfat nicht übersteigen. Der Anwender ist für eine korrekte Filmentwicklung nach Angaben des Filmherstellers verantwortlich.

Die densitometrischen Meßmethoden für die Filmdichte sind in DIN 4512 Teil 7-10/ISO 5-3/5-2 beschrieben.

In der DIN 19070 Teil 3/ISO 5466 sind alle Angaben für eine korrekte Lagerung und periodische Prüfungen für die Langzeitarchivierung beschrieben, sowie in DIN/ISO 10214 die Aufbewahrungsmittel für die Lagerung von verarbeiteten fotografischen Materialien.

Bei Einhaltung und Beachtung dieser Normen für die Qualitätssicherung ist der gesamte Mikrofilm in den definierten Längen und Breiten uneingeschränkt für die Aufzeichnung und Langzeitarchivierung von über 500 Jahren nutzbar.

4.2.6 Zugriffshäufigkeit/Abnutzung

Mikrofilm unterliegt in den Lese- und Rückvergrößerungsgeräten sowie im Mikrofilm-Scanner in Abhängigkeit von der Zugriffshäufigkeit einem mechanischen Verschleiß. Zur Absicherung der Archivfunktion sollten bei der Aufzeichnung gleichzeitig zwei Originalfilme erstellt werden – ein Film als Arbeitsfilm für die tägliche Arbeit und ein zweiter Film für das Archiv. Wenn der Arbeitsfilm Abnutzungserscheinungen zeigt, wird vom Archivfilm ein neuer Mikrofilm (Duplikat) im Kontaktverfahren erstellt.

Bei Einhaltung der Prüfverfahren und Lagerungsbedingungen für den entwickelten Mikrofilm entsprechend den genannten Normen kann dieser über „historische" Zeiträume von 500 Jahren und mehr archiviert werden. Eine Veränderung des Informationsinhaltes des entwickelten Mikrofilms ist nicht möglich.

Thermal-Mikrofilme (Rollfilme/Mikroplanfilm) auf Basis von Trockensilber (Dry-Silver-Filme) sind als Archivmedium nur für einen Zeitraum von 100 Jahren geeignet. Für die Benutzung in Lesespulen oder Kassetten ist immer ein Duplikatfilm (Thermal-Printfilm) zu erstellen.

4.2.7 Handhabung

Mikrofilm sollte als Rollfilm in ISO-genormten Lesespulen oder in Mikrofilm-Kassetten benutzt werden. Damit ist ein versehentliches Berühren der Filmoberfläche ausgeschlossen. Die Lesespule oder Kassette schützt das Medium vor Verschmutzung in einer Büroumgebung.

Bei großer Zugriffshäufigkeit wird immer mit einem zweiten Originalfilm oder mit einer Kopie des Originalfilms (Arbeitsfilm) gearbeitet. Dasselbe gilt für Mikroplanfilme, da der Mikroplanfilm einer größeren mechanischen Belastung ausgesetzt ist als der Rollfilm.

Im COM (Computer-Output-Microfilm)-Bereich werden wegen der hohen Zugriffshäufigkeit und der hohen Zahl an Rückgriffsorten von einem Original immer Arbeitsduplikate erstellt. Der original Mikroplanfilm dient als Speicher- und Archivmedium und zur Vervielfältigung.

4.2.8 Sicherheitsausrüstung

Neben der Spule bzw. Kassette besitzt der Mikrofilm selbst verschiedene Schutzschichten, die ihn gegen mechanische Beschädigungen und statische Aufladung zur Verhinderung von Staubanlagerung schützen. Der Filmträger selbst besteht aus Polyester und ist damit maßhaltig und unzerreißbar. Die nachstehende Skizze verdeutlicht den grundsätzlichen Aufbau des Mikrofilms:

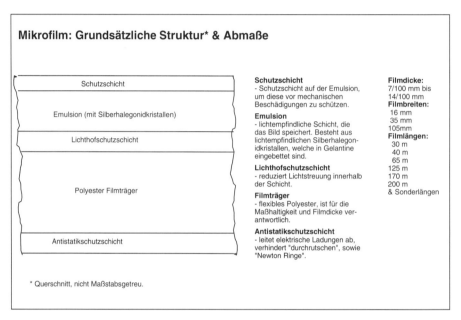

Abbildung 7: Aufbau des Mikrofilms

4.2.9 Datensicherheit

Die Daten werden direkt und unveränderbar in der Emulsion des Mikrofilms aufgezeichnet. Diese Aufzeichnungsschicht kann nicht verändert oder manipuliert werden. Nach der Entwicklung des Mikrofilms erfolgt eine visuelle Prüfung des Entwicklungsergebnisses bzw. Dateninhalts (Stichproben) und eine Haltbarkeitsprüfung des Entwicklungsprozesses gemäß DIN 19069/ISO 417 mit dem Methylenblau-Test. Mit diesem Test wird der Thiosulfat-Restgehalt festgestellt und so die Haltbarkeit (Archivfähigkeit) des Mikrofilms ermittelt und damit gewährleistet.

4.2.10 Lebensdauererwartung

Der archivfähig entwickelte Mikrofilm hat bei Einhaltung von definierten Umweltbedingungen eine Lebensdauer von mehreren hundert Jahren. Für die Langzeitarchivierung sind unbedingt ein maximal zulässiger Thiosulfat-Restgehalt von 0,7 µg/cm², eine optimale Umgebungstemperatur (maximal 21 °C) und folgende Werte für relative Luftfeuchte (nicht kondensierend) zu gewährleisten: 30 % relative Luftfeuchte für konventionelle Mikrofilme auf Polyethylenterephthalat-Unterlage (Polyester), und 15 bis 50 % relative Luftfeuchte für Thermal-Mikrofilme mit thermischer Entwicklung (Dry-Silver-Film).

Weitere Angaben zur Lebensdauererwartung befinden sich in ISO 10602: 1995. Dazu wird in dieser ISO in Anlage E (Beschleunigte Bildstabilitätstests für Mikrofilme) ausgeführt: „Die Extrapolation der (Meß-)Daten von hohen Temperaturen (70 °C) auf Raumtemperatur von 23 °C zeigt auf, daß eine Dichteveränderung von D 0,1 bei 60 % relativer Luftfeuchte erst nach über 1.500 Jahren auftritt. Deshalb sind die in der Tabelle aufgezeigten Einschränkungen (für die Lebenserwartung) konservativ. Die Einschränkungen sind auch deshalb konservativ, weil die Tests bei 60 % relativer Luftfeuchte durchgeführt wurden, was höher ist als die empfohlene Archivierung bei einer relativen Luftfeuchte von 30 % für Mikrofilm."

Die nachstehende Tabelle basiert auf einer Untersuchung des American National Standards Institute (ANSI). Die angegebenen Werte müssen eingehalten werden, um die geforderte Lebensdauer zu gewährleisten:

Lichtempfindliche Schicht	Filmträger	relative Feuchtigkeit (in %)	maximale Temperatur (in °C)
Normale Haltbarkeit (mindestens 10 Jahre)			
Originalfilme:			
Silber-Gelatin	Zellulose-Acetat	15–60	25
Silber-Gelatin	Polyester	30–60	25
Trockensilber	Polyester	15–60	25
Duplikatfilme:			
Diazo	Zellulose-Acetat	15–50	25
Diazo	Polyester	15–50	25
Vesikular	Polyester	15–60	25

Lichtempfindliche Schicht	Filmträger	relative Feuchtigkeit (in %)	maximale Temperatur (in °C)
Langzeit-Haltbarkeit (mindestens 30–100 Jahre)			
Originalfilme:			
Silber-Gelatin	Zellulose-Acetat	15–40	21
Silber-Gelatin	Polyester	30–40	21
Trockensilber	Polyester	15–60	21
Duplikatfilme:			
Diazo	Zellulose-Acetat	15–30	21
Diazo	Polyester	15–30	21
Vesikular	Polyester	15–30	21
Langzeit-Haltbarkeit (Archiv-Qualität, mehr als 100 Jahre)			
Originalfilme:			
Silber-Gelatin	Zellulose-Acetat	15–40	21
Silber-Gelatin	Polyester	30–40	21

Abbildung 8: Lebensdauererwartungen von konventionellen Mikrofilmen gemäß ANSI

4.3 Compact Disk

4.3.1 Einsatzgebiete

Die Compact Disk (im folgenden kurz CD genannt) ist über 20 Jahre im Audiobereich im Einsatz. Vor ca. 10 Jahren fand die CD als Massendatenspeicher Einzug in den Computerbereich. Die beschreibbare CD (im folgenden kurz CD-R genannt) wurde 1992 eingeführt und wird dort eingesetzt, wo größere Mengen von Daten kostengünstig zu speichern sind. Die weite Verbreitung von CD-Lesegeräten führte zur Verwendung der CD als Datentransportmittel.

Die CD wird in Bereichen verwendet, in denen größere Datenmengen oder Softwarepakete kostengünstig zu speichern, schnell wiederzufinden oder zu verteilen sind. Die CD ist ein revisionssicheres Medium und zeichnet sich durch lange Lebensdauer aus.

4.3.2 Standards

Die CD ist nach den farbigen Büchern (siehe dazu Anhang 2) genau spezifiziert. Die Kompatibilität zwischen Leselaufwerken der verschiedenen Hersteller ist gewährleistet. Die Lesbarkeit der Information auf der CD ist bei Einhaltung der ISO 9660 unabhängig vom Betriebssystem gewährleistet. Zukünftige neue Generationen von Laufwerken (DVD) und CD-Formaten (UDF) sind abwärtskompatibel.

4.3.3 Kapazitäten

Die Datenkapazität einer normalen CD-R beträgt 650 MB oder 74 Minuten Musik. Die neue Generation (DVD-R) verfügt über 4,7 GB Speicherkapazität. Der Einsatz von CD-Towern oder Jukeboxen erlaubt derzeit den automatisierten Zugriff auf bis zu 10.000 CDs. Dies entspricht einer Datenkapazität von bis zu 6,5 TB bei Verwendung von CD-Rs.

4.3.4 Aufzeichnungsverfahren

Die CD-R besteht aus einem Kunststoffträger mit eingeprägter Spur. Auf dem Träger befindet sich ein Farbstoff (Dye), der auf einen Laserstrahl mit einer bestimmten Wellenlänge reagiert. Der Dye ist mit einer Reflexionsschicht (Gold oder Silber) abgedeckt; diese Schicht wird normalerweise mit einem Schutzlack überzogen. Der Dye wird durch den Laser chemisch verändert und ändert sein Reflexionsverhalten.

Die Information wird durch gezielte Ansteuerung des Lasers auf die CD-R aufgebracht. Die unterschiedliche Reflexion in der Spur der CD beinhaltet die „aufgebrannte" Information. Entsprechende Fehlerkorrekturalgorithmen und Redundanzen erlauben eine hohe Datensicherheit.

4.3.5 Qualitätssicherung

Die Einmalbeschreibbarkeit einer CD-R erlaubt kein Testen des leeren Mediums durch Schreibversuche. Geprüft wird die CD-R durch genaueste Produktionsüberwachung, optische Scanverfahren und durch Tests einzelner CD-Rs aus jedem Produktionslauf. Die beschriebenen CDs werden dann in Prüfgeräten auf Fehler analysiert. Wird die gewünschte Qualität nicht erreicht, wird die Produktionscharge verworfen. Da CD-Rs mit einer sehr hohen Redundanz beschrieben werden, stören einzelne Fehler die Lesbarkeit und die eindeutige Reproduzierbarkeit der Daten nicht. Probleme sind erst bei hohen Fehlerraten zu erwarten. Der Qualitätslevel professioneller CD-

Anbieter wird so ausgelegt, daß die Grundfehleranzahl sehr niedrig angesetzt wird. Das ordnungsgemäße Beschreiben von CD-Rs kann durch Prüfleseverfahren und durch entsprechende Zertifiziereinrichtungen zusätzlich abgesichert werden.

4.3.6 Zugriffshäufigkeit/Abnutzung

Da es sich bei den CDs um optische Datenträger handelt und die Informationsabtastung berührungslos stattfindet, liegt beim Lesen des Datenträgers kein Verschleiß vor. Hersteller von hochwertigen CD-Rs garantieren 1 Million Lesezugriffe (Angaben von Mitsui Chemicals).

4.3.7 Handhabung

CDs sind wie andere Datenträger wärmeempfindlich. Je höher die Dauerwärmebelastung ist, desto höher wird die Anzahl der auftretenden physikalischen Fehler, was letztendlich dazu führt, daß diese nicht mehr korrigiert werden können. Die Auswahl von CDs guter Qualität ist hier zu empfehlen. Die Information auf der CD-R wird durch den fotoempfindlichen Dye gespeichert. CDs sollten also vor Licht geschützt gelagert werden. Insbesondere direkte dauerhafte Sonneneinstrahlung sollte vermieden werden. (Nach Angaben von Mitsui Chemicals können qualitativ hochwertige CD-Rs bis zu 200 Tagen dem Sonnenlicht ausgesetzt werden.)

Der Datenträger CD ist nicht fest in einer Hülle untergebracht. Die CD wird zum Lesen aus der Verpackung entnommen und manuell in das Leselaufwerk eingelegt. Die CD sollte nur von den Rändern her berührt werden. Andernfalls besteht die Gefahr, daß das Medium durch Fingerabdrücke verschmutzt wird und nicht mehr zu lesen ist. Auch sollten CDs vor Staub, Kratzern und Nässe geschützt werden. Je wichtiger der Inhalt der CD, desto vorsichtiger sollte sie behandelt werden. Ggf. ist anzuraten, mit Kopien und nicht mit Originalen zu arbeiten. Heutzutage kann problemlos, schnell und kosteneffizient eine Kopie angefertigt werden.

Die Beschriftung einer CD sollte sehr vorsichtig erfolgen. Sollte die CD direkt und nicht die Hülle beschriftet werden, ist die Auswahl des richtigen Druckverfahrens (Das zur Zeit empfohlene Verfahren ist das Thermotransferdruckverfahren.) beziehungsweise eines geeigneten Stiftes wichtig. Einige Materialien haben die Tendenz, mit der Zeit die Oberfläche der CD anzugreifen oder unter Feuchtigkeitseinfluß zu verlaufen. Label sind nicht empfehlenswert. Sie führen unter Umständen zu Unwuchten auf der CD oder können die Reflexionsschicht der CD beschädigen.

4.3.8 Sicherheitsausrüstung

Die CD-R besteht normalerweise aus vier Lagen: dem Träger aus Kunststoff, dem fotoempfindlichen Dye, der Reflexionsschicht und einem Schutzlack. Durch den durchsichtigen Kunststoffträger erkennt der Laser des Lesegerätes die Information per Reflexion auf der CD. Bedingt durch die Fokussierung des Lasers auf die Leseschicht und nicht auf die Oberfläche des Kunststoffträgers werden vorhandene Kratzer bis zu einem gewissen Grade nicht registriert. Gefährlich ist eine Beschädigung des Reflexionsmaterials. Namhafte Hersteller überziehen die Reflexionsschicht der CD-R mit einem besonders widerstandsfähigen Schutzlack.

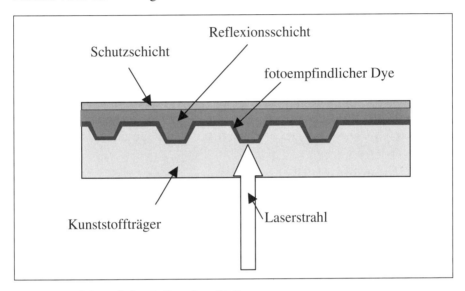

Abbildung 9: Schematischer Aufbau einer CD-R

4.3.9 Datensicherheit

Daten-CDs werden mit einer 3fachen Fehlerkorrektur beschrieben. Somit wird sichergestellt, daß ein kompletter Sektor aus den benachbarten Sektoren rekonstruiert werden kann.

Die CD-R ist ein einmal beschreibbarer Datenträger. Die Information auf der CD-R kann zwar zerstört, jedoch nicht verfälscht werden. Einige Systeme lassen zwar ein mehrfaches Beschreiben zu, hier werden jedoch die neuen Daten angehängt und nicht über die alten Daten geschrieben. Somit ist die CD-R fälschungssicher.

4.3.10 Lebensdauererwartung

Die Lebensdauer der CD-R wird von einigen Herstellern mit bis zu 100 Jahren angegeben. Wichtig ist, daß der Anwender mit qualitativ hochwertigen CD-Rs arbeitet und sicherstellen kann, daß der Hersteller die geforderten Spezifikationen einhält.

Die Lesbarkeit einer CD hängt im Wesentlichen von der Fehlerhäufigkeit auf dem Medium ab. Jede CD ist von vornherein mit physikalischen Unregelmäßigkeiten behaftet. Ein gute CD hat entsprechend wenig Unregelmäßigkeiten. Bei geeigneter Lagerung nehmen diese nicht signifikant zu und die CD bleibt lesbar. Durch die logische Konstruktion der CD-R ist eine hohe Datensicherheit gewährleistet. Von großer Bedeutung sind aber auch qualitativ hochwertige CD-Laufwerke.

Alterungstests werden im wesentlichen durch Messung des Anstiegs der Fehlerrate durchgeführt. Es werden Kurven zum Beispiel in Abhängigkeit von der Temperatur oder der Lichtbestrahlung erstellt und an Hand dieser Ergebnisse auf die Lebensdauer zurückgeschlossen. Dieses Verfahren ist gerade bei der CD ein genaues Verfahren und auch sehr gut reproduzierbar.

4.4 Magneto-Optische Speichermedien

4.4.1 Einsatzgebiete

Magneto-Optische Datenträger werden eingesetzt, um Daten sowohl auf wiederbeschreibbaren als auch auf WORM-Medien abzulegen. Sie kommen überall dort zum Einsatz, wo große Datenmengen gespeichert und im direkten Zugriff gehalten werden müssen.

4.4.2 Standards

Magneto-Optische Speichermedien sind ISO-standardisiert, d. h. Cartridge, Medium und Aufzeichnungsverfahren sind definiert. MO-Medien können zwischen den Laufwerken verschiedener Hersteller ausgetauscht, gelesen und beschrieben werden. Gleiche Datenstrukturen (Software-Kompatibilität) vorausgesetzt, können Daten zwischen den Laufwerken verschiedener Hersteller ausgetauscht werden. Die Kompatibilität neuer Laufwerke zu älteren Mediengenerationen ist dadurch sichergestellt, daß alle Mediengenerationen von den Laufwerken gelesen und jeweils die drei letzten Generationen gelesen und beschrieben werden können. Die Laufwerke erkennen den vorliegenden Medientyp automatisch.

4.4.3 Kapazitäten

Die derzeit erreichten Kapazitäten betragen 5,2 GB pro Medium für 5¼"- und 640 MB für 3½"-Medien. Die Entwicklung zu höheren Kapazitäten wird aktiv verfolgt. In den kommenden 2 Jahren wird eine erneute Verdoppelung der Kapazität erwartet. 5¼"-Medien werden bevorzugt in automatischen Ladesystemen (Jukeboxen) mit mehreren Hundert Medien im professionellen Bereich (Größenordnung TB) eingesetzt.

4.4.4 Aufzeichnungsverfahren

Aufzeichnungsverfahren ist das Magneto-Optische Verfahren. Ein Laserstrahl ermöglicht durch lokales Erhitzen der Aufzeichnungsschicht auf 250 °C eine lokale Ummagnetisierung und damit das Schreiben von Bits. Dabei verändert die Schicht die Drehung der Polarisationsebene des eingestrahlten Laserlichts. Die Signalerkennung erfolgt durch eine Optik, die das reflektierte Licht auf die Richtung der Polarisations-Drehung analysiert. Die digitalen Zustände 0 und 1 werden durch eine Rechts- bzw. Linksdrehung der Polarisationsebene des reflektierten Lichts erzeugt. (Vgl. auch Abbildung 10 bis Abbildung 12)

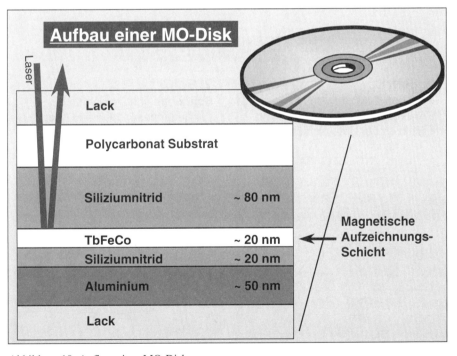

Abbildung 10: Aufbau einer MO-Disk

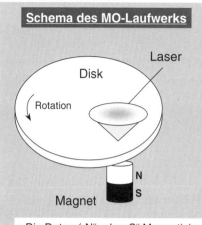
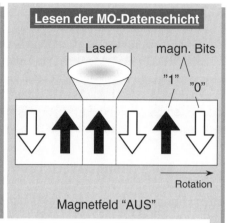

Abbildung 11: Lesen von MO-Daten

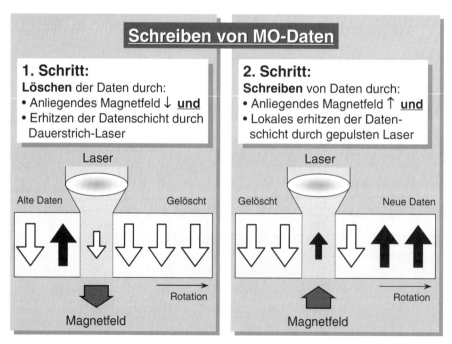

Abbildung 12: Schreiben von MO-Daten

4.4.5 Zertifizierung

MO-Medien werden zu 100 % zertifiziert. Das heißt, jeder verfügbare Sektor wird vor der Auslieferung gelöscht, beschrieben, gelesen und das gelesene Muster mit dem geschriebenen verglichen. Der Benutzer greift nur auf fehlerfrei zertifizierte Datenspuren zu. Ihm steht immer die spezifizierte Speicherfläche zur Verfügung.

4.4.6 Zugriffshäufigkeit/Abnutzung

MO-Medien unterliegen durch das optische Abtastverfahren keinem mechanischen Verschleiß. Sie können ohne Gefahr von Datenverlust mindestens 100 Millionen mal gelesen und mindestens 10 Millionen mal überschrieben werden. Die Gefahr eines Head-Crashs besteht nicht, da sich Medium und Lesekopf nur bis auf ca. 1 mm Abstand nähern.

4.4.7 Handhabung

MO-Medien werden in einer geschlossenen Cartridge benutzt, die die Datenfläche erst beim Einführen in das Laufwerk freigibt. Versehentliches Berühren der Datenfläche ist damit ausgeschlossen. Die Cartridge schützt das Medium vor Verschmutzung. MO-Medien sind für den Einsatz in automatischen Ladesystemen (Jukeboxen) konstruiert. Die dauerhafte Funktion der Cartridge wird in Cycle-Tests geprüft und ist auf mindestens 100.000 Ladezyklen ausgelegt.

4.4.8 Sicherheitsausrüstung

MO-Medien sind durch verschiedene Sicherheitsausrüstungen geschützt (vgl. Abbildung 10). Die magnetische Aufzeichnungsschicht ist zwischen zwei dichten keramischen Schutzschichten gelagert, die die MO-Legierung vor Umwelteinflüssen schützen. Um die Härte der Polycarbonat-Oberfläche zu erhöhen, werden MO-Medien mit einem Acryl-Lack lackiert. Die erhöhte Kratzfestigkeit des Lackes verhindert Beschädigungen und ermöglicht bei Verschmutzung eine Reinigung des Mediums. Der Lack ist antistatisch ausgerüstet und verhindert dadurch eine Staubanlagerung durch Aufladung. Die Cartridge verfügt ebenfalls über eine antistatische Ausrüstung mit dem Ziel, einer Staubanlagerung entgegenzuwirken.

4.4.9 Datensicherheit

Die Daten werden unter Anwendung eines Reed-Solomon-Fehlerkorrekturcodes abgelegt. Das Schreiben erfolgt mit einem read-after-write-Abgleich (verify), der sicherstellt, daß die geschriebenen Daten fehlerfrei wieder ausgelesen werden können. MO-Medien speichern Daten mit Fehlerraten besser als 1 Bit von 10^{12} (Standard für Datenverarbeitung).

Die Aufzeichnungsschicht kann nur ummagnetisiert werden, wenn sie auf die Curie-Temperatur (250 °C) erhitzt und gleichzeitig ein äußeres Magnetfeld angelegt wird. Eine Ummagnetisierung der Datenschicht ist weder durch Erhitzen des Mediums noch durch Magnetfelder der stärksten, in Büroräumen verfügbaren Permanentmagnete möglich. MO-Medien sind unempfindlich gegen alle Temperaturen und Lichteinflüsse, die in von Menschen genutzen Räumen (Büros, Autos, Transport) auftreten können.

4.4.10 Lebensdauererwartung

In beschleunigten Alterungstests wurden unter verschiedenen Lagerungsbedingungen folgende Lebensdauer-Prognosen ermittelt (Konfidenzintervall 95 %, Überlebensrate der Medien 99,5 %):

Temperatur	Relative Feuchte	Lebenserwartung
25 °C	50 %	über 100 Jahre
30 °C	90 %	über 30 Jahre

Unter normalen Bürobedingungen werden daher nach 100 Jahren noch mehr als 99,5 % der Medien gebrauchsfähig sein. Auch unter tropischen Lagerungsbedingungen bleiben 99,5 % einer Medienpopulation ohne spezielle Klimatisierung mehr als 30 Jahre gebrauchsfähig.

5 Matrix der Medien

Optische Speicherplatten (OD)

	Phase Change (WORM)	Ablative (WORM)
Standards (DIN/EN/ISO/ANSI)	ISO 10885 für Gehäuse, Medium und Aufzeichnungsformat.	5 ¼": ISO 10089/9171 für Gehäuse und Medienformat. Medien und Aufzeichnungsformat sind nicht normiert. 12": keine Normierung
Formate	14"	5¼"/12"
Kapazität in GB	6,8/10,2/14,8/25	2,6/16
Aufbau	Sektoren mit je 1024 Byte	Sektoren mit 512, 1024, 2048 Byte
Wiederbeschreibbarkeit	Nein	Nein
Jahre archivierungsfähig	> 30 Jahre	> 30 Jahre
Umweltbedingungen für Langzeitarchivierung: – Temperatur – Relative Luftfeuchte (nicht kondensierend)	-20 °C–55 °C 5 %–80 %	-20°–55 °C 5 %–80 %
Testverfahren für Archivfähigkeit	Beschleunigte Alterung bei hoher Temperatur und Feuchte, danach Messung der Fehlerrate, Arrhenius-Extrapolation auf Lagerbedingungen der Archivierung (ANSI IT9.26 und ISO 10885 Section 8)	Beschleunigte Alterung bei hoher Temperatur und Feuchte, danach Messung der Fehlerrate, Arrhenius-Extrapolation auf Lagerbedingungen der Archivierung (ANSI IT9.26)
Fehlerrate	< 1 Bit in 10^{12} Bits („read-after-write"-Abgleich und Reed-Solomon Error Correction Codes (ECC))	< 1 Bit in 10^{12} Bits („read-after-write"-Abgleich und Reed-Solomon Error Correction Codes (ECC))

Optische Speicherplatten (OD)

	Alloying (WORM)	Bubble-Forming (WORM)
Standards (DIN/EN/ISO/ANSI)	5¼": ISO 10089/9171 für Gehäuse und Medienformat. Medien und Aufzeichnungsformat sind nicht normiert. 12": keine Normierung	5¼": ISO 10089/9171 für Gehäuse und Medienformat. Medien und Aufzeichnungsformat sind nicht normiert. 12": keine Normierung
Formate	5¼"/12"	5¼"/12"
Kapazität in GB	2,6/16	2,6/16
Aufbau	Sektoren mit 512, 1024, 2048 Byte	Sektoren mit 512, 1024, 2048 Byte
Wiederbeschreibbarkeit	Nein	Nein
Jahre archivierungsfähig	> 30 Jahre	> 30 Jahre
Umweltbedingungen für Langzeitarchivierung: – Temperatur – Relative Luftfeuchte (nicht kondensierend)	-20 °C–55 °C 5 %–80 %	-20 °C–55 °C 5 %–80 %
Testverfahren für Archivfähigkeit	Beschleunigte Alterung bei hoher Temperatur und Feuchte, danach Messung der Fehlerrate, Arrhenius-Extrapolation auf Lagerbedingungen der Archivierung (ANSI IT9.26)	Beschleunigte Alterung bei hoher Temperatur und Feuchte, danach Messung der Fehlerrate, Arrhenius-Extrapolation auf Lagerbedingungen der Archivierung (ANSI IT9.26)
Fehlerrate	< 1 Bit in 10^{12} Bits („read-after-write"-Abgleich und Reed-Solomon Error Correction Codes (ECC))	< 1 Bit in 10^{12} Bits („read-after-write"-Abgleich und Reed-Solomon Error Correction Codes (ECC))

Mikrofilm

	Mikrofilm mit Naßentwicklung	Mikrofilm mit Thermischer Entwicklung (Dry-Silver-Film)
Standards (DIN/EN/ISO/ANSI)	Sämtliche Bereiche des Mikrofilms, von der Herstellung, Verarbeitung, bis hin zur Archivierung, sind standardisiert: Siehe 9.3. Anhang 3: Übersicht Normen	Sämtliche Bereiche des Mikrofilms, von der Herstellung, Verarbeitung, bis hin zur Archivierung, sind standardisiert: Siehe 9.3. Anhang 3: Übersicht Normen
Formate (in mm)	16/35/105, Mikroplanfilm DIN A6	16 und 105
Filmlänge	30 m, 40 m, 65 m, 125 m, 170 m, 200 m, 380 m sowie Sonderlängen	170 m, 380 m für 16 mm und 125 m und 200 m für 105 mm
Kapazität in GB	bei 50facher Verkleinerung: ca. 380 DIN A4-Seiten à 50 K pro Meter Film = 19 MB pro Meter Film 16 mm	bei 50facher Verkleinerung: ca. 380 DIN A4-Seiten à 50 K pro Meter Film = 19 MB pro Meter Film 16 mm
Aufbau	siehe 4.2.8 Sicherheitsausrüstung	siehe 4.2.8 Sicherheitsausrüstung
Wiederbeschreibbarkeit	Nein	Nein
Jahre archivierungsfähig	> 500 Jahre, siehe Tabelle unter 4.2.10 Lebensdauererwartung	100 Jahre, siehe Tabelle unter 4.2.10 Lebensdauererwartung
Umweltbedingungen für Langzeitarchivierung: – Temperatur – Relative Luftfeuchte (nicht kondensierend)	unter 21 °C 30 % bei Polyethylenterephthalat-Unterlage (Polyester)	unter 21 °C 15–50 %
Testverfahren für Archivfähigkeit	Methylenblau-Test nach DIN 19069/ISO 417 Bestimmung des Restgehaltes an Thiosulfat und anderen Chemikalien in verarbeiteten Photographischen Filmen, Platten und Papiere (Wert < 0,7 µg/cm²)	Voraussichtliche Haltbarkeit ermittelt durch Bundesanstalt für Materialprüfung (BAM) gemäß Prüfungszeugnis Az: 3.3/6480/83 vom 17.03.1983
Fehlerrate	Nicht anwendbar	Nicht anwendbar

Compact Disk

	CD-R	CD-RW
Standards (DIN/EN/ISO/ANSI)	ISO 9660 Orange Book	ISO 9660 Orange Book
Formate	5¼"/120 mm	5¼"/120 mm
Kapazität in GB	650 MB	650 MB
Aufbau	Meist 2048 Byte/Sektor	Meist 2048 Byte/Sektor
Wiederbeschreibbarkeit	Nein	Ja
Jahre archivierungsfähig	100 Jahre	> 30 Jahre
Umweltbedingungen für Langzeitarchivierung: – Temperatur – Relative Luftfeuchte (nicht kondensierend)	10–25 °C 20 %–50 %	10–25 °C 20 %–50 %
Testverfahren für Archivfähigkeit	Beschleunigte Alterung bei hoher Temperatur und Feuchte, danach Messung der Fehlerrate, Arrhenius-Extrapolation auf Lagerbedingungen der Archivierung (ANSI IT9.26)	Beschleunigte Alterung bei hoher Temperatur und Feuchte, danach Messung der Fehlerrate, Arrhenius-Extrapolation auf Lagerbedingungen der Archivierung (ANSI IT9.26)
Fehlerrate	Abhängig von Systemkonfiguration	Abhängig von Systemkonfiguration
Sonstiges	Der hohe Verbreitungsgrad von CDs und CD-Abspielgeräten läßt auf lange Systemverfügbarkeit schließen.	

Magneto- und Rewritable Optical Disk

	MO 5¼"	MO 5¼" WORM
Standards (DIN/EN/ISO/ANSI)	10089A/13549/14517/15286 Gehäuse, Medien- und Aufzeichnungsformat sind normiert.	10089A/13549/14517/15286 Gehäuse, Medien- und Aufzeichnungsformat sind normiert.
Formate	5¼"	5¼"
Kapazität in GB	0,65/1,3/2,6/5,2	0,65/1,3/2,6/5,2
Aufbau	Sektoren mit 512, 1024, 2048 Byte (ZCAV)	Sektoren mit 512, 1024, 2048 Byte (ZCAV)
Wiederbeschreibbarkeit	Ja	Nein
Jahre archivierungsfähig	> 100 Jahre bei 25 °C und 50 % relative Feuchte 99,5 % Konfidenzintervall	> 100 Jahre bei 25 °C und 50 % relative Feuchte 99,5 % Konfidenzintervall
Umweltbedingungen für Langzeitarchivierung: – Temperatur – Relative Luftfeuchte (nicht kondensierend)	-10-50 °C 3–90 %	-10-50 °C 3–90 %
Testverfahren für Archivfähigkeit	Beschleunigte Alterung bei hoher Temperatur und Feuchte, danach Messung der Fehlerrate, Arrhenius-Extrapolation auf Lagerbedingungen der Archivierung (ANSI IT9.26)	Beschleunigte Alterung bei hoher Temperatur und Feuchte, danach Messung der Fehlerrate, Arrhenius-Extrapolation auf Lagerbedingungen der Archivierung (ANSI IT9.26)
Fehlerrate	< 1 Bit in 10^{12} Bits („read-after-write"-Abgleich und Reed-Solomon Error Correction Codes (ECC))	< 1 Bit in 10^{12} Bits („read-after-write"-Abgleich und Reed-Solomon Error Correction Codes (ECC))

Fortsetzung dieser Tabelle siehe nächste Seite

Magneto- und Rewritable Optical Disk

	MO 3½"	Phase Change (ROD)
Standards (DIN/EN/ISO/ANSI)	10090/13963/15041 Gehäuse, Medien- und Aufzeichnungsformat sind normiert.	5¼": ISO 10089/9171 für Gehäuse und Medienformat. Medien und Aufzeichnungsformat sind nicht normiert. 12": keine Normierung
Formate	3½"	5¼"/12"
Kapazität in GB	0,128/0,23/0,64	1,3/2,6/5,2/16,0
Aufbau	Sektoren mit 512, 1024, 2048 Byte (ZCAV)	Sektoren mit 512, 1024, 2048 Byte
Wiederbeschreibbarkeit	Ja	Ja
Jahre archivierungsfähig	> 100 Jahre bei 25 °C und 50 % relative Feuchte 99,5 % Konfidenzintervall	> 30 Jahre bei 25 °C und 50 % relative Feuchte 99,5 % Konfidenzintervall
Umweltbedingungen für Langzeitarchivierung: – Temperatur – Relative Luftfeuchte (nicht kondensierend)	-10–50 °C 3–90 %	-10–50 °C 3–90 %
Testverfahren für Archivfähigkeit	Beschleunigte Alterung bei hoher Temperatur und Feuchte, danach Messung der Fehlerrate, Arrhenius-Extrapolation auf Lagerbedingungen der Archivierung (ANSI IT9.26)	Beschleunigte Alterung bei hoher Temperatur und Feuchte, danach Messung der Fehlerrate, Arrhenius-Extrapolation auf Lagerbedingungen der Archivierung (ANSI IT9.26)
Fehlerrate	< 1 Bit in 10^{12} Bits („read-after-write"-Abgleich und Reed-Solomon Error Correction Codes (ECC))	< 1 Bit in 10^{12} Bits („read-after-write"-Abgleich und Reed-Solomon Error Correction Codes (ECC))

6 Lebensdauerschätzungen für optische Speichermedien – Ermittlung der Lebensdauererwartung und praktische Relevanz für den Anwender

6.1 Allgemeines zur Lebensdauer von Datenträgern

Alle Gegenstände des täglichen Gebrauchs unterliegen physikalischen und chemischen Alterungsprozessen. Diese Prozesse beeinträchtigen allmählich ihre Benutzbarkeit und führen früher oder später zu einem völligen Versagen bei der eigentlichen Bestimmung. Spätestens dann wird das Lebensende bzw. das Ende der Benutzbarkeit eines Gegenstandes erreicht. Gleiches gilt auch für Datenspeicher, allerdings wird der Benutzer nicht bis zum völligen Versagen des Datenträgers warten wollen, um schließlich sein Lebensende festzustellen. Er muß sich darauf verlassen können, daß sein Datenträger eine gewünschte Archivierungsperiode überlebt.

In den seltensten Fällen liegen statistisch signifikante, systematische Lebensdauertests unter realen Bedingungen über einen gewünschten Archivierungszeitraum vor. Viel häufiger wird für Datenträger eine erheblich längere Lebensdauer benötigt, als man unter Gebrauchsbedingungen vor der eigentlichen Nutzung testen kann. In diesem Fall ist man auf Lebensdauerschätzungen angewiesen, die das Lebensende des Speichermediums vorhersagen. Das Lebensende des Datenträgers wird dabei durch eine Reihe von Randbedingungen markiert, die man für die Lebensdauerschätzung unbedingt genau kennen muß:

1. Zu erwartende Lager- oder Benutzungsbedingungen
2. End-of-Life-Kriterium = Mindestanforderungen an die Funktion
3. Zuverlässigkeitsanforderung der Lebensdauerschätzung
4. Qualität des Datenträgers

6.1.1 Zu erwartende Lager- oder Benutzungsbedingungen

Speichermedien altern unter verschiedenen Lagerungsbedingungen unterschiedlich schnell. Vielfach werden die Temperatur und die relative Feuchte als Haupteinflußfaktoren bei einer ausschließlichen Lagerung betrachtet. Das hat seine Ursache darin, daß alle chemischen Prozesse bei höherer Temperatur schneller ablaufen und daß Feuchtigkeit für viele Materialien in Datenträgern einen agressiven Einfluß darstellt. So kann Wasser unter Katalyse von alkalischen Verunreinigungen zu einem Abbau des Trägermaterials von

Speichermedien führen. Ebenso kann Feuchtigkeit Lochfraß in der häufig chemisch empfindlichen Aufzeichnungsschicht hervorrufen oder, sofern im Medium organische Materialien vorhanden sind, die Mikroorganismen als Nahrung dienen, zu Pilz- oder Bakterienbefall führen. All diese Mechanismen haben am Ende große physikalische Fehlstellen im Datenträger und damit letztlich Datenverlust zur Folge.

Kommen während der Lagerungsperiode noch andere bekannte Faktoren (z. B. Licht, mechanische Beanspruchung, Staub, chemisch agressive Atmosphäre etc.) hinzu, müssen auch diese berücksichtigt werden, da sie zu lebensbegrenzenden Faktoren werden. Bei sachgerechter Speicherung und Lagerung sollten diese Faktoren zu vernachlässigen sein. Wegen der starken Abhängigkeit von Temperatur und Feuchte muß eine Lebensdauerangabe immer mit den Lagerungsbedingungen, auf die sie sich bezieht, genannt werden.

6.1.2 End-of-Life-Kriterium

Speichermedien für die Archivierung erfüllen ihre Funktion nur solange, wie man zuvor eingeschriebene Informationen fehlerfrei wieder auslesen kann. Das Lebensende eines Speichermediums ist also spätestens dann erreicht, wenn zum erstenmal Informationsverlust auftritt. Für wichtige Daten ist aber genau das zu spät und nicht tolerierbar. Deshalb muß man für Lebensdauertests empfindlichere Indikatoren definieren, die anschlagen, bevor Datenverlust eintritt. Bezüglich des End-of-Life-Kriteriums unterscheiden sich digitale (Disk-Speicher) und analoge optische Speicher (Filme).

Wie sicher das Auslesen von geschriebener Information bei digitalen Speichermedien funktioniert, läßt sich durch die Fehlerrate (Anzahl von fehlerhaft gelesenen Bytes/Anzahl insgesamt gelesener Bytes) ausdrücken. Auf digitalen optischen Datenträgern wird die Information redundant mit Hilfe eines Fehlerkorrekturcodes abgelegt, d. h. eine gewisse Anzahl fehlerhafter Bytes kann ohne jeglichen Informationsverlust toleriert werden. Die meisten Fehlerkorrekturcodes tolerieren Fehlerraten von 1 Byte pro 1000 gelesener Bytes (1 von 10^3), bevor Datenverlust eintritt. Fabrikneue Medien haben typischerweise Fehlerraten von 1 aus 10^5 bis 1 aus 10^6, also hundert bis tausend mal weniger Fehler als theoretisch tolerierbar. Während einer beschleunigten Alterung steigt die Fehlerrate langsam an. Um eine Sicherheitsmarge zum Informationsverlust zu halten, legt man das Kriterium für das Lebensende eines digitalen Datenträgers bei Lebensdauertests daher im allgemeinen bei einer Fehlerrate von 1 von 10^4 fest. Die Fehlerrate kann periodisch und zerstörungsfrei am Originalmedium gemessen werden. Lokale Fehler, die Datenverlust zur Folge haben, markieren ebenfalls das Lebensende eines Datenträgers.

Das End-of-Life-Kriterium für Lebensdauertests digitaler Datenträger wird bei einer Byte-Fehlerrate von 1 von 10^4 oder beim erstmaligen Auftreten von Informationsverlust definiert.

Bei analogen Datenträgern mißt man bei Lebensdauertests keine Fehlerrate, sondern orientiert sich am Signal/Rausch-Verhältnis (Kontrast) als Funktion der Alterung. Dieses hängt wesentlich von der Stabilität der optischen Dichte der informationstragenden Schicht ab. Für Lebensdauertests von Filmen wird daher im allgemeinen eine Veränderung der optischen Dichte der informationstragenden Schicht von 0,1 in einem Referenzfenster definierter Dichte als Lebensende des Datenträgers definiert, auch wenn dies in der Praxis noch keinen Informationsverlust bedeutet. Das Auftreten lokaler Veränderungen mit Informationsverlust markiert auch bei analogen Datenträgern das Lebensende.

Das End-Of-Life-Kriterium für Lebensdauertests von Filmen wird bei einer Veränderung der optischen Dichte der Datenträgerschicht um mehr als 0,1 in einem Referenzfenster definierter Dichte oder beim erstmaligen Auftreten lokaler Veränderungen definiert.

6.1.3 Zuverlässigkeit der Lebensdauerschätzung

Jede Messung oder mathematische Schätzung ist mit einer statistischen Unsicherheit behaftet. Diese wird durch die meist geringe getestete Stückzahl von Medien bei Lebensdauertests, aber auch durch die Streuung der Medieneigenschaften von Individuum zu Individuum hervorgerufen. Für den Anwender ist es aber wichtig, mit welcher Zuverlässigkeit (oder Wahrscheinlichkeit) er sich nach den Tests auf eine zu erwartende Lebensdauer verlassen kann (im Klartext: Kann er nach Ablauf der prospektierten Lagerung mit 50 %, 95 %, 99 % oder 99,9 % überlebenden Medien aus seiner Population rechnen?). Je nach Anwendung kann das von elementarer Bedeutung sein.

Zu einer präzisen Lebensdauerangabe gehört daher grundsätzlich das Konfidenzintervall, auf das sich die Angabe bezieht.

6.1.4 Qualität des Datenträgers

Mittels beschleunigter Alterungstests läßt sich für eine gegebene Medienpopulation eine Lebensdauererwartung zuverlässig ermitteln. Neben den Umweltbedingungen hat jedoch auch der Herstellungsprozeß von Datenträgern erheblichen Einfluß auf deren Lagerfähigkeit. Verunreinigungen in den Einsatzmaterialien, mangelnde Sauberkeit bei der Herstellung sowie unkontrollierte Fertigungsprozesse können dazu führen, daß Medien der selben Speichertechnologie sehr unterschiedliche Lebenserwartungen haben. Dem Anwender, der Datenträger zur Langzeitspeicherung verwendet, muß daher empfohlen werden, sich die Qualität der Medien bezüglich ihrer Lebensdauer vom Hersteller nachweisen zu lassen, um Qualitätsstreuungen innerhalb derselben Speichertechnologie auszuschließen.

Für die Übertragbarkeit einer Lebensdauerschätzung auf die Medienpopulation des Nutzers ist es daher wichtig, daß die Medien der Schätzung und die eingesetzten Medien unter vergleichbaren Qualitätsanforderungen gefertigt wurden.

Digitale und analoge Speicher müssen hier wieder unterschiedlich behandelt werden.

Der Anwender von Disk-Speichern erwirbt ein Fertigprodukt, für dessen Qualität ausschließlich der Hersteller verantwortlich ist. Hat der Anwender ein Medium gewählt, muß er lediglich die Datenaufzeichnung nach dem Schreibvorgang verifizieren (in vielen Laufwerken geschieht das automatisch). Danach hat er nur bei den Lagerungsbedingungen Einfluß auf die Lebensdauer der Medien.

Bei Mikrofilmen ist die Qualität des Ausgangsmaterials durch DIN/ISO-Vorschriften genormt, nach denen die Hersteller produzieren. Der Anwender trägt weiter die Verantwortung für eine korrekte Entwicklung, die für die Archivfähigkeit von Mikrofilmen Voraussetzung ist. Im wesentlichen muß der Anwender dabei auf einen möglichst geringen Gehalt an Restthiosulfat achten. Die korrekte Entwicklung zu archivfähigen Filmen ist ebenfalls in DIN/ISO-Standards festgelegt und publiziert.

6.2 Beschleunigte Alterungstests

Seriöse Lebensdauerangaben für Datenträger basieren auf beschleunigten Alterungstests. Bei diesen Tests werden Medien unter einer Reihe von Bedingungen gelagert, die in Bezug auf die Hauptagressoren (meist Temperatur und Feuchtigkeit) drastischer als die erwarteten Lagerungsbedingungen sind (z. B. 50–80 °C und 60–85 % relative Feuchte). Über eine gewisse Zeit (zwischen 90 und 1000 Tagen) wird dann die Veränderung des relevanten Parameters (Fehlerrate oder optische Dichte) gemessen und auf das Erreichen des Lebensende-Kriteriums extrapoliert. Die unter verschiedenen Bedingungen errechneten Lebensdauern erlauben dann eine Extrapolation auf die zu erwartenden, in aller Regel milderen Lagerbedingungen. Man kann so berechnen, wieviel Prozent einer Medienpopulation unter definierten Lagerbedingungen bezüglich des End-of-Life-Kriteriums überleben werden. Eine solche Berechnung bezieht alle oben definierten Elemente der Lebensdauerschätzung mit ein.

Als mathematische Modelle liegen den Lebensdauertests typischerweise Arrhenius- oder Eyring-Modelle zugrunde. Im Gegensatz zu Arrhenius-Modellen, die die Temperaturabhängigkeit der Alterung darstellen, berücksichtigt die Eyring-Formel auch die Einflüsse der Feuchtigkeit. Für genaue Schätzungen muß die Gültigkeit der mathematischen Modelle mittels eines Vergleichs der Meßwerte mit einer statistischen Verteilungsfunktion geprüft werden. Diese Prüfung sichert ab, daß man es mit statistisch verteilten Meßwerten und nicht mit einzelnen Zufallsereignissen zu tun hat.

Der Benutzer kann anhand von beschleunigten Alterungsdaten berechnen, ob das gewählte Medium unter den von ihm garantierbaren Lagerungsbedingungen mit der gewünschten Sicherheit die avisierte Archivierungsperiode überleben kann. Er kann aber auch Lebensdauerschätzungen unter Worst-Case-Bedingungen durchführen oder berechnen, welche Lagerbedingungen er bei einem bestimmten Medientyp einhalten muß, um eine gewünschte Lebensdauer zu erhalten.

Die genaue Prozedur für die o. a. beschleunigten Alterungstests ist für einige digitale Datenträger in Standards des ANSI niedergeschrieben worden (siehe Anhang. Ein ANSI-Standard für CD-Recordable ist in Bearbeitung.). Hersteller anderer digitaler Datenträger beziehen sich im Allgemeinen auf diese Dokumente, wenn noch kein eigener Standard für das entsprechende Produkt verabschiedet worden ist. Eine ausführliche Beispielrechnung für Magneto-Optische Medien ist im Journal of the Magnetic Society of Japan veröffentlicht worden. Daneben existiert weiterführende Literatur über beschleunigte Alterungstests (siehe Anhang: Quellen und Literatur).

Die Beschreibung von Alterungstests für Filme ist ebenfalls in DIN/ISO-Standards beschrieben (siehe Anhang).

6.3 Vergleichbarkeit von Lebensdauerangaben

Lebensdauerangaben für Datenträger sind am besten vergleichbar, wenn sie unter möglichst ähnlichen Annahmen für eine Beschleunigung ermittelt wurden. Für verschiedene Medientypen ist dies jedoch nicht immer möglich oder sinnvoll. Die Bedingungen der Tests müssen nicht zwangsläufig identisch sein, jedoch sollten sie dem gleichen Prinzip, nämlich der Verstärkung der agressivsten Umwelteinflüsse folgen, und sie sollten während der Tests eine signifikante Alterung der Medien erreichen. Weiterhin sollten sie ähnliche mathematische Modelle zugrunde legen, mit deren Hilfe die statistische Prüfung der Rohdaten und die Extrapolation auf reale Bedingungen durchgeführt wird.

Sind die Tests in ihrer Methodik vergleichbar, lassen sich auch die Lebensdauerschätzungen für verschiedene Datenträger vergleichen. Nicht vergleichbar sind Lebensdauerangaben, die auf völlig unterschiedlichen Berechnungsverfahren beruhen, wichtige Umwelteinflüsse unberücksichtigt lassen, eine statistische Prüfung der Ergebnisse vermissen lassen oder auf beschleunigte Alterungstests völlig verzichten.

6.4 Praktische Relevanz von Lebensdauerangaben

Lebensdauertests nach dem oben beschriebenen Schema lassen zuverlässige Aussagen über die Archivfähigkeit von Datenträgern in definierten Fenstern von Lagerungsbedingungen zu. Sie versagen jedoch, sobald das getestete Fenster an Lagerungsbedingungen verlassen wird, weil außerhalb dieses Fensters andere, um Größenordnungen schnellere Zerstörungsmechanismen ablaufen können, die Datenträger in kürzester Zeit zerstören. So können z. B bei stark erhöhter Temperatur Diffusions- oder Schmelzvorgänge einsetzen bzw. bei erhöhter Feuchte Pilz- oder Bakterienbefall auftreten. All dies sind Vorgänge, die die getesteten, langsamen Alterungsmechanismen überlagern und zu sofortiger Zerstörung des Datenträgers führen können.

Lebensdauervorhersagen gelten daher ausschließlich im Bereich (man spricht von einem Fenster) der getesteten Lagerungsbedingungen. Extrapolationen auf Bedingungen außerhalb des Fensters sind nicht zulässig.

Auch kurzzeitiges Überschreiten der Grenzen der getesteten Lagerungsbedingungen kann zu erheblichen Einschränkungen der Lebensdauer von Datenträgern führen.

Für den Anwender bedeutet dies auch, daß er, will er sich auf Lebensdauerangaben verlassen, die vorgeschriebenen und getesteten Bereiche der Lagerungsbedingungen garantieren können muß.

6.5 Nutzen von Lebensdauertests für den Anwender

Ist die Langzeit-Archivfähigkeit des Datenträgers für einen Nutzer von großer Bedeutung, so muß dieser zunächst seine Anforderungen und Randbedingungen bezüglich der garantierbaren Lagerbedingungen, des End-of-

Life-Kriteriums und die Zuverlässigkeitsanforderungen genau kennen. Danach kann er eine Speichertechnologie wählen, die nach veröffentlichten Studien die Archivfähigkeit unter den Lagerbedingungen aufweist, die er zu garantieren in der Lage ist.

Er sollte am Schluß den Hersteller der gewählten Medien nach Qualitätsdaten zur Lebenserwartung seiner Medien befragen, um eine reproduzierbare Qualität abzusichern sowie ggf. die selbst durchgeführten Verarbeitungsschritte in ihrer Qualität überwachen. Werden alle diese Aspekte geprüft, kann der Nutzer mit hoher Sicherheit ein Medium wählen, das die gewünschten Anforderungen bezüglich der Archivfähigkeit erfüllt.

7 Trends

7.1 CD und DVD

Die Entwicklung der CD-R bzw. CD-RW kann als abgeschlossen gelten. Mit 650 MB hat die CD ihre maximale Speicherkapazität erreicht. Die CD-Technologie ist die Speichertechnologie mit der am weitesten verbreiteten Präsenz am Markt im Bereich der Optischen Speichermedien.

Die Weiterentwicklung konzentriert sich auf die DVD (Digital Versatile Disk), mit dem Ziel, ein Medium mit größerer Kapazität für die Speicherung von Informationen aus verschiedensten Bereichen wie Musik, Video, Bild- und Belegverarbeitung sowie Computerdaten zu schaffen und dem Benutzer mit den DVD-Leselaufwerken den Rückgriff auf sowohl CDs als auch DVDs zu gewährleisten.

Analog zur CD-R und CD-RW gibt es auch für die DVD „Writable" und „Re-Writable" Formate, nämlich DVD-R und DVD-RW. Die Kapazität der DVD-R liegt zur Zeit bei 3,9 GB. Erwartet wird noch 1999 eine Kapazität von 4,7 GB auf nur einer Seite. Eine DVD-RW mit einer Kapazität von 4,7 GB wird ebenfalls noch 1999 erwartet. Es ist das Bestreben der Industrie, eine beidseitig beschreibbare Version und damit max. 9,4 GB Speicherkapazität zu erreichen. Damit ist in den nächsten Jahren zu rechnen.

Weitere wiederbeschreibbare Formate sind DVD-RAM und DVD+RW. Während die DVD-RAM mit 2,6 GB einseitig und 5,2 GB als beidseitige Version schon am Markt eingeführt ist, erwartet man DVD+RW mit einer Kapazität von 3,0 GB erst im Jahr 2000.

Die DVD-Technologie wird wie die CD-Technologie einen neuen Standard mit einer sehr weiten Verbreitung am Markt setzen. In Dokumenten- und Data-Management-Systemen wird die DVD-R wegen ihrer „Write-Once"-Funktionalität besondere Bedeutung erlangen.

7.2 Optische Speicherplatten und Magneto-Optische Speicherplatten

Im Bereich der Dokumenten-Management-Systeme zeichnet sich bei den 5¼" Optischen Speicherplatten und MO-Medien ebenfalls eine starke Position am Markt für den breiten Einsatz in Client/Server- und in Mainframe-Anwendungen ab, wobei Speicheranforderungen von mehreren Terabyte erfüllt werden können.

Die Weiterentwicklung der Medien ist lebendig und folgt dem Trend der Informationstechnologien mit einer Verdoppelung der Kapazität in Abständen von ca. zwei Jahren. So hat sich die Kapazität der MOD in den letzten Jahren etwa alle zwei Jahre verdoppelt. Dieser Trend hält ungebrochen an und scheint sich derzeit eher zu beschleunigen. Dabei werden zunehmend neue Technologien eingesetzt (Magnetic Super Resolution, Groove-Recording, Land/Groove-Recording).

Noch dieses Jahr werden 3½"-Medien mit 1,3 GB Kapazität als kommerzielles Produkt erhältlich sein. In diesem und in den nächsten Jahren werden neue Generationen der 5¼"-Medien sowohl bei den MOD als auch den OD mit einer Kapazität von 9,2 GB bis über 10 GB erwartet. Darüber hinaus sind weitere Entwicklungen technologisch bereits vorgezeichnet und werden aktiv in Standardisierungsgremien verfolgt.

Bei den 12" sind mittlerweile Platten mit einer Kapazität von 30 GB im Test. Dennoch sind 12" und 14" Optische Speicherplatten weiterhin Nischenprodukte und werden, als Folge neuer Technologien (DVD) und größerer Kapazitäten sowohl bei DVD als auch bei 5¼" Optischen und Magneto-Optischen Speicherplatten, ihre Bedeutung verlieren. Es ist davon auszugehen, daß diese Formate früher oder später vom Markt gehen werden. Für 14" Optische Speicherplatten ist das bereits vom Hersteller angekündigt.

7.3 Mikrofilm

Der seit 1928 immer weiter entwickelte Mikrofilm ist technologisch nahezu ausgereift. Weiterentwicklungen wird es vorwiegend in immer besseren Eigenschaften, Aufzeichnungstechnologien (Mikrofilmaufnahmegeräte) und Wiedergabegeräten geben, um die noch nicht ausgeschöpften Möglichkeiten des Mikrofilms, z. B. seine hohe Auflösung, noch besser nutzen zu können.

Als Medium, welches keinem Technologiewechsel ausgeliefert ist und das zudem über eine Lebenserwartung von über 500 Jahren verfügt, wird der Mikrofilm verstärkt in Hybridsysteme in Verbindung mit digitalen Speichermedien eingebunden werden.

8 Entscheidungshilfen für den Anwender

Zur Entscheidung für oder gegen eine bestimmte Speichertechnologie tragen z. T. viele Faktoren bei. Jede Speichertechnologie hat ihre Stärken und Schwächen, aus denen sich ein Eigenschafts- bzw. Vorzugsprofil für jedes Medium ergibt. Ziel einer Entscheidungshilfe ist es daher, das Anforderungsprofil des Nutzers mit dem Eigenschaftsprofil einer Speichertechnologie so weit wie möglich zur Deckung zu bringen.

Entsprechend dem Thema dieser Broschüre wird hier nur der Ausschnitt aus dem Eigenschaftsprofil der optischen Speichermedien behandelt, der im Zusammenhang mit ihrer Sicherheit, Haltbarkeit und Lebensdauer steht, also Dinge, die eine technische Eignung als Langzeitspeicher betreffen. Andere Aspekte, wie z. B. Kapazität pro Medium oder Kosten pro gespeichertem Megabyte etc., werden hier bewußt unberücksichtigt gelassen.

8.1 Erstellung eines Anforderungsprofils

Eine Entscheidungsanalyse muß angesichts der vielen Anforderungen und Eigenschaften, die einfließen, systematisch erfolgen. Hierzu müssen zuerst die Anforderungen des Anwenders an eine Speichertechnologie definiert werden. Im folgenden sind die für Langzeitspeicherung wichtigsten Anforderungen aufgelistet:

1. Wiederbeschreibbarkeit oder Einmalbeschreibbarkeit

Der Anwender muß wissen, ob eine Wiederbeschreibbarkeit des Mediums erforderlich ist, nicht notwendig ist oder ausdrücklich nicht gegeben sein darf. Diese Anforderung ist ein Ausschlußkriterium und sollte daher zu Beginn bewertet werden.

2. Möglichst lange physikalische Lebensdauer des Mediums

Der Anwender muß den angestrebten Archivierungszeitraum festlegen. Da alle hier behandelten Medien eine physikalische Lebensdauer von 30 oder mehr Jahren haben, wird dies den meisten praktischen Anwendungen genügen. Dennoch wird ein Anwender Medien bevorzugen, die erwiesenermaßen höhere Lebensdauererwartungen haben. Daher ist eine möglichst lange physikalische Lebensdauer des Mediums ein Bewertungskriterium.

3. Möglichst einfacher, schneller und verschleißfreier Zugriff auf Daten

Je nach Anwendung sind unterschiedlich häufige und schnelle Zugriffe auf die gespeicherten Daten nötig. Ein Bewertungskriterium ist daher ein möglichst einfacher, rascher und verschleißfreier Zugriff auf die abgelegten Daten.

4. Möglichst geringe Anforderungen an die zu garantierenden Lagerungsbedingungen

Verschiedene optische Medien stellen unterschiedliche Ansprüche an die Lagerungsbedingungen. Das bedeutet, daß sie eine hohe Lebensdauer nur erreichen, wenn die Ansprüche an die Lagerungsbedingungen zu jeder Zeit garantiert sind. Ein Anwender wird ein Medium, das nur geringe Ansprüche an die Lagerungsbedingungen stellt, bevorzugen, wenn er andernfalls in dauerhaft klimatisierte Räume, Behälter etc. investieren muß. Je nach den klimatischen Bedingungen können die Anforderungen nach geringen Lagerungsansprüchen für manche Anwender sehr wichtig sein.

5. Möglichst weitverbreitete und kompatible Speichertechnologie

Unter Umständen kann es wichtig sein, Datenträger zwischen verschiedenen Nutzern auszutauschen. Dazu möchte ein Anwender eine möglichst weit verbreitete, unter verschiedensten Lesegeräten kompatible Technologie benutzen. Neben Hardwarekomponenten können, wie bereits beschrieben, auch Softwarekomponenten wichtig sein.

6. Mit möglichst geringem Aufwand dauerhaft verfügbares Lesegerät

Jeder Anwender benötigt neben einem Medium, das die erforderliche Lebensspanne seiner Anwendung aufweist, ein Lesegerät, das nach derselben Periode noch zur Verfügung steht. Andernfalls muß er vorher die Daten auf neuere Technologien migrieren, ein Vorgang, der zeitaufwendig und kostspielig sein kann. Je nach der angestrebten Archivierungsperiode und den technischen Möglichkeiten des Anwenders kann dieses Kriterium sehr wichtig sein, und die optischen Speichertechnologien unterscheiden sich dabei stark.

8.2 Entscheidungsanalyse

Wie bewertet man nun die Übereinstimmung von Anforderungsprofil des Nutzers und Eigenschaftsprofil des Mediums, ohne sich an einzelnen Kriterien festzuklammern und damit eine einseitige Entscheidung zu treffen, die andere Gesichtspunkte unberücksichtigt läßt? Dies gelingt bei komplexen Entscheidungen am besten mit einem rechnerischen Verfahren, bei dem jedes Medium für jede gewünschte Eigenschaft nach Erfüllungsgrad und Wichtigkeit Punkte erhält, die am Schluß addiert werden. Während der Erfüllungsgrad der einzelnen Eigenschaften bei allen Medien technisch bedingt feststeht, variiert die Wichtigkeit ihrer Erfüllung nach den Wünschen des Anwenders erheblich und beeinflußt letztlich die Entscheidung für oder gegen eine Technologie.

Dieser Schrift liegt eine CD-ROM bei, auf der sich eine Excel-Tabelle befindet, mit der eine Entscheidungsanalyse durchgeführt werden kann. Das oben beschriebene Anforderungsprofil ist darin berücksichtigt. Es können im Einzelfall weitere Anforderungen hinzutreten, die sich aus der speziellen Anwendung des Nutzers ergeben können.

Entscheidungsanalyse: Optische Datenträger zur Langzeitspeicherung										
		Nass Film	Therm. Film	MO Disc	CD-R	CD-RW	Phase Change	Ablative WORM	Alloying WORM	Bubble WORM
Medieneigenschaften		Bewertung (1 = geringe ... 10 = sehr gute Erfüllung)								
Wiederbeschreibbares Medium		N	N	J/N	N	J	J/N	N	N	N
Lange physikalische Lebensdauer		10	2	4	2	1	2	2	1	1
Hohe Zugriffsgeschwindigkeit		1	1	10	7	7	Bewertungen der Medientechnologien			7
Geringe Lagerungsansprüche		1	1	10	8	9				10
Weitverbreitete Technologie	Hier bitte eigene Wichtung eintragen			10	10	3	1	1	1	1
Dauerhaft verfügbares Lesegerät					6	2	2	2	2	2
Anforderungsprofil	Wichtung	Ergebnispunkte (Bewertung * Wichtung)								
Wiederbeschreibbarkeit nötig (J/N)	N	Eignung	Eignung	Eignung	Eignung	Eignung	Eignung	Eignung	Eignung	Eignung
Lange physikalische Lebensdauer	5	50	10	20	10	5	10	10	5	5
Hohe Zugriffsgeschwindigkeit	10	10	10	100	70	70	0	0	0	70
Geringe Lagerungsansprüche	2	2	2	20	16	Punkte = Bewertung * Wichtung			20
Weitverbreitete Technologie	10	0	0	0	100	30	10	10	10	10
Dauerhaft verfügbares Lesegerät	10	0	0	0	60	20	20	20	20	20
Summe Ergebnispunkte		62	22	140	256	125	40	40	35	125
Erfüllungsgrad d. Benutzerprofils		17%	6%	38%	69%	34%	11%	11%	9%	34%
Erfüllungsgrad d. Benutzerprofils = Ergebnispunkte / Mögliche Punkte			Therm. Film	MO Disc	CD-R	CD-RW	Phase Change	Ablative WORM	Alloying WORM	Bubble WORM

Abbildung 13: Tabelle zur Entscheidungsanalyse

Wie funktioniert das Verfahren genau?

Der Anwender entscheidet zunächst, wie wichtig die Erfüllung der oben aufgelisteten Anforderungen für seine Anwendung sind. Dazu vergibt er einen Wichtungsfaktor auf einer Skala von 1 bis 10, wobei die 1 „nicht wichtig" und die 10 „sehr wichtig" bedeutet.

In der Tabelle (vgl. Anhang Seite 82 und Abbildung 13) sind für jede behandelte Speichertechnologie alle oben aufgeführten Anforderungskriterien auf einer Skala von 1 bis 10 bewertet, wobei die 1 eine geringe, die 10 eine sehr gute Erfüllung der Anforderung bedeutet.

Zur Auswertung multipliziert man für jede Eigenschaft und jedes Medium den anwenderspezifischen Wichtungsfaktor mit den Bewertungen des Mediums und addiert die so erhaltenen Punkte. Die höchste erreichbare Punktzahl ist die Summe der Wichtungsfaktoren mal 10 (Dabei werden alle Ansprüche sehr gut erfüllt.). Den Erfüllungsgrad des Anwenderprofils erhält man, indem die erreichten Punkte durch die maximale erreichbare Punktzahl dividiert werden. Die Speichertechnologie mit dem höchsten Erfüllungsgrad bedient das gewünschte Anforderungsprofil am besten, die mit geringeren Punktzahlen folgenden Technologien jeweils mit Abstrichen.

Am bequemsten erfolgt die Auswertung mit der auf CD beiliegenden Excel-Datei. Der Anwender muß hierzu lediglich

- die Wichtungsfaktoren (1–10) seines Anforderungsprofils in die rot unterlegten Felder der Datei eintragen,
- die Frage, ob er eine Wiederbeschreibbarkeit des Mediums benötigt, durch Eingabe von (J/N) beantworten.

Das Arbeitsblatt errechnet dann den Erfüllungsgrad der behandelten Technologien selbständig und gibt ihn in der grün hinterlegten Zeile in Prozent an. Auf diesem Weg kann sich der Leser schnell einen Überblick verschaffen. Im Anhang ist eine Leertabelle wiedergegeben, mit der eine Auswertung ohne Excel durchgeführt werden kann.

Da alle Technologien Stärken und Schwächen haben, wird der Anwender bemerken, daß sich die verschiedenen Technologien, setzt man alle Wichtungsfaktoren auf 10, nur wenig unterscheiden. Die „eierlegende Wollmilchsau" gibt es leider auch bei den Speichertechnologien nicht. Setzt der Anwender aber Schwerpunkte, so wird das Feld der Technologien auseinandergezogen und man erhält bevorzugte Empfehlungen. Eine Übereinstimmung einer Medientechnologie mit dem Anwenderprofil von mehr als 85 % darf als sehr gut bezeichnet werden. Werte unter 65 % zeigen dagegen an, daß wichtigen Belangen des Anwenders nur mittelmäßig Rechnung getragen wird.

8.3 Anwendungsbeispiele

Beispiel 1:

Eine Bibliothek will von unersetzlichen Schriften Kopien erstellen, die für den Fall eingelagert werden, daß die Originale durch Katastrophen oder durch die Lebensbegrenzung der Materialien der Originale selbst verlorengehen. Die Kopien sollen nur im Schadensfall der Originale genutzt werden und verbleiben sonst als reine Sicherungskopien. Sie werden nicht außer Haus gegeben. Die Archivierungsspanne soll eine längstmögliche Zeit ohne Migration von Daten umspannen. Klimatisierte Bibliotheksräume stehen bereits zur Verfügung.

Betrachten wir das Wichtungsprofil dieser Anwendung:

Wiederbeschreibbarkeit	Nicht erwünscht	N
Möglichst lange Medien-Lebensdauer	Sehr wichtig	Faktor 10
Hohe Zugriffsgeschwindigkeit	Unwichtig	Faktor 1
Geringe Lagerungsansprüche	Weniger wichtig, Räume vorhanden	Faktor 3
Weitverbreitete Technologie	Weniger wichtig, nur ein Standort	Faktor 2
Dauerhaft verfügbares Lesegerät	Wegen langer Archivspanne sehr wichtig	Faktor 10

Der Eintrag der Wichtungsfaktoren liefert als Favoriten den Mikrofilm mit einem Erfüllungsgrad von 86 % wegen der langen geplanten Archivierungsspanne und des Anspruchs, ein Lesegerät nach einer langen Spanne zur Verfügung zu haben. Digitale Medien folgen erst mit einigem Abstand.

Beispiel 2:

Ein Unternehmen der Transportbranche liefert täglich Tausende von Sendungen an Kunden aus. Die Belege werden nach der Auslieferung gescannt und digitalisiert. Für die Kunden kann es aus verschiedensten Gründen wichtig sein, noch Jahre später genau zu erfragen, wann und an wen eine Sendung ausgeliefert wurde. Das Unternehmen hat zu diesem Zweck ein Call-Center eingerichtet, bei dem die Kunden diese Daten telefonisch abrufen können. Der Mitarbeiter des Call-Centers muß in wenigen Sekunden auf die Daten zugreifen können. Die Daten sollen in nur einem Call-Center gehalten werden, das in normalen Büroräumen eingerichtet ist. Die Pflicht zur Erteilung dieser Auskunft endet nach 10 Jahren.

Betrachten wir wieder das Wichtungsprofil dieser Anwendung:

Wiederbeschreibbarkeit	Wiederbeschreibbarkeit nicht erwünscht	N
Möglichst lange Medien-Lebensdauer	Bei 10 Jahren weniger wichtig	Faktor 2
Hohe Zugriffsgeschwindigkeit	Sehr wichtig	Faktor 10
Geringe Lagerungsansprüche	Bei Büroräumen wichtig	Faktor 8
Weitverbreitete Technologie	Weniger wichtig, nur ein Standort	Faktor 2
Dauerhaft verfügbares Lesegerät	10 Jahre Auskunftspflicht, weniger wichtig	Faktor 2

Der Eintrag der Wichtungsfaktoren in die Auswertungstabelle liefert als Favoriten Disk-Medien. Die MO-Medien haben mit 86 % Erfüllungsgrad die Nase wegen ihrer schnellen Zugriffsgeschwindigkeit und ihrer anspruchslosen Aufbewahrung unter Bürobedingungen gegenüber anderen Technologien vorn.

Beispiel 3:

Eine wissenschaftliche Bibliothek hält Artikel aus Fachzeitschriften bereit. Die Verfügungsperiode soll mehr als 20 Jahre lang sein, ohne die Daten migrieren zu müssen. Die Zugriffe erfolgen häufig und müssen innerhalb weniger Minuten befriedigt werden. Die Medien sollen innerhalb der Bibliothek an verschiedenen Stellen eingesetzt und gelegentlich als Kopie an Kunden und andere Stellen verteilt werden. Klimatisierte Bibliotheksräume stehen nicht zu Verfügung.

Das Wichtungsprofil dieser Anwendung:

Wiederbeschreibbarkeit	Nicht erforderlich	N
Möglichst lange Medien-Lebensdauer	20 Jahre, nicht unwichtig	Faktor 4
Hohe Zugriffsgeschwindigeit	Wichtig	Faktor 8
Geringe Lagerungsansprüche	Sehr wichtig	Faktor 10
Weitverbreitete Technologie	Sehr wichtig, mehrere Standorte	Faktor 10
Dauerhaft verfügbares Lesegerät	Für 20 Jahre, wichtig	Faktor 5

Als Favoriten bieten sich wieder Disk-Medien an. Die CD-R (74 % Erfüllungsgrad) hat hier Vorteile gegenüber anderen Disk-Technologien, weil sie sehr weit verbreitet ist. Die große Anzahl an weltweit installierten Geräten macht eine lange Lebensdauer am Markt (und damit die Verfügbarkeit von Lesegeräten) sehr wahrscheinlich.

Beispiel 4:

Die 250 Ärzte des städtischen Klinikums mit mehr als 20.000 Behandlungen pro Jahr sollen künftig auf die Patientenakten über das hausinterne Datennetz zugreifen können. Die Befunddokumentationen liegen zur Zeit in Papierform vor. Die Zugriffe werden zum Teil häufig erfolgen und müssen innerhalb weniger Minuten realisierbar sein. Die Patientenakten sind 30 Jahre aufzubewahren. Die zur Verfügung stehenden Lagerräume sind nicht klimatisiert. Nach 30 Jahren werden die Patientenakten ausgewählter medizinischer Bereiche aus medizinhistorischen Gründen unbefristet im Stadtarchiv aufbewahrt; die restlichen Akten werden vernichtet. Das Stadtarchiv verfügt über klimatisierte Archivräume.

Das Wichtungsprofil dieser Anwendung:

Wiederbeschreibbarkeit	Nicht erwünscht	N
Möglichst lange Medien-Lebensdauer	unbegrenzte Archivierung, sehr wichtig	Faktor 10
Hohe Zugriffsgeschwindigeit	Wichtig	Faktor 8
Geringe Lagerungsansprüche	30 Jahre ohne Klimatisierung, sehr wichtig	Faktor 8
Weitverbreitete Technologie	Wichtig, mehrere Standorte	Faktor 5
Dauerhaft verfügbares Lesegerät	bei unbegrenzter Archivierung sehr wichtig	Faktor 10

Gibt man die oben genannten Wichtungsfaktoren in das Auswertungsschema ein, so erhält man ein unbefriedigendes Ergebnis. Das gesamte Feld aller bewerteten Technologien liefert Werte für den Erfüllungsgrad von 42 bis 65%, also wahrlich nur Mittelmaß. Die „Favoriten" der Auswertung, Mikrofilm, CD-R und MO-Disk, liefern zwischen 65 und 61 Prozent Erfüllungsgrad des Anforderungsprofils. Ein solches Ergebnis ist ein klares Indiz dafür, daß keine der bewerteten Technologien das Benutzerprofil allein befriedigend erfüllt. In solchen Situationen sind Hybridanwendungen gefragt. Es ist also sinnvoll und notwendig, das Anforderungsprofil nochmals zu betrachten und widersprüchliche Anforderungen zu trennen. Im vorliegenden Fall kann man das Gesamtprofil in zwei Anforderungsprofile spalten. Der eine Strang folgt einer Situation, die eher zugriffsorientiert ist (also analog Beispiel 2 und 3), der andere Strang ist eine klassische Langzeitarchivierung mit Schwerpunkt auf zeitlich unbegrenzter Verfügbarkeit (analog Beispiel 1).

Eine gute Hybridlösung für das Beispiel 4 wäre z. B. die Verfügbarkeit auf dem Datennetz für 30 Jahre durch den Einsatz von Disk-Medien herzustellen. Dadurch ergeben sich, wie oben gezeigt, für die ersten 30 Jahre sehr gute Übereinstimmungen mit dem Anwenderprofil von bis zu 86%. Nach 30 Jahren sollten die Patientendaten auf Mikrofilm zur Langzeitarchivierung migriert werden, was, wie ebenfalls oben gezeigt, Übereinstimmungen mit den Anwenderprofil von 86% ergibt. Mit dieser Hybridlösung wird **allen** Anforderungen in sehr guter Weise Rechnung getragen.

Zusammenfassung

Die genannten Beispiele markieren die Eckpunkte eines weiten Feldes von Ansprüchen verschiedener Anwender. Abhängig von den Randbedingungen des Nutzers können sie sich verschieben. So erscheinen die Ansprüche an die Lagerungsbedingungen oft nur eine Nuance zu sein, für manchen Anwender können sie entscheidende Bedeutung erlangen, wenn er klimatisierte Archivräume bauen und betreiben müßte. Gleiches gilt für die Zugriffsgeschwindigkeit oder die Austauschbarkeit von Medien unter verschiedenen Nutzern. Während sie für einen Anwender keine Rolle spielen, sind sie für den anderen von essentieller Bedeutung. Nur die Abwägung aller Beurteilungskriterien zusammen kann eine richtige Entscheidung herbeiführen, die den Ansprüchen des Nutzers am besten gerecht wird.

Anhang

Abkürzungen und Fachbegriffe

AO: Abgabenordnung; 1977 in Kraft getreten, faßt nahezu alle Vorschriften des allgemeinen Steuerrechts, des Steuerverwaltungsrechts und des Steuerstrafrechts zu einem Mantelgesetz für das Abgabenrecht zusammen.

ANSI: American National Standards Institute; eines der nationalen Normungsgremien in den USA, das zahlreiche – auch international gebräuchliche – Standards erarbeitete.

ASCII: American Standard Code for Information Interchange; der amerikanische Standardcode, durch IBM überarbeitet, mit einem Werteumfang von 8 Bit (Zahlen von 0 bis 255).

Byte: Maßeinheit für die Informationsmenge und die Speicherkapazität.

Backup: Sichern von Daten und Programmen durch Anlegen einer Kopie auf einem gesonderten Datenträger (Backup-Speicher), auf die man zurückgreift, wenn Fehler mit dem Original zu Datenverlust geführt haben. Im PC-Bereich werden für Backups vorwiegend Bandlaufwerke eingesetzt.

BDSG: Bundesdatenschutzgesetz; nach dem 1978 in Kraft getretenen Gesetz ist jede Behörde und jeder Betrieb verpflichtet, einen ausreichenden Datenschutz zu garantieren. Dies gilt sowohl für computergenerierte personenbezogene Daten, als auch für Informationen, die mit herkömmlicher Datenverarbeitung erfaßt wurden, z. B. in Listenform.

BGB: Bürgerliches Gesetzbuch; seit 1900 in Deutschland geltendes Gesetzeswerk, in dem der größte Teil des allgemeinen Privatrechts (d. h. bürgerliches Recht im engeren Sinn) geregelt ist.

Brutto-Image: Vollständiges Image, bestehend aus allen auf einem Dokument vorhandenen Informationen, z. B. ein ausgefülltes Formular.

Cartridge: Schutzgehäuse, das den Datenträger vor Berühren beim Handling schützt und nur beim Einführen in ein Laufwerk freigibt. Es existieren Cartridges für unterschiedliche Datenträger.

CCS: Continious Composite Servo

CD: Compact Disk; ursprünglich Digital Audio Disk mit 12 cm (= 4,72 Zoll) Durchmesser. Ähnlich Schallplatten gepreßte, mit Hilfe eines Laserstrahls zu lesende Daten- und Tonträger, die im HiFi-Bereich die Schallplatte weitgehend verdrängt haben. Wird im Datenbereich zur Verteilung von umfangreicheren Programmpaketen und Datenmengen verwendet und hat dort die Diskette ersetzt.

CD-R: Siehe auch Compact Disk. Wird im Gegensatz zur CD nicht gepreßt, sondern mittels Laserstrahl beschrieben. Die auf die CD geschriebenen Daten oder Programme können nicht überschrieben werden. CD-Rekorder können in PCs eingebaut werden.

CD-ROM: Compact Disk-Read Only Memory (nur lesbarer Speicher); siehe auch Compact Disk.

CI: Codierte Information. Der Darstellung der Information liegt ein definierter Zeichensatz zugrunde, z. B. ASCII oder EBCDIC. Auch Vektorinformationen zählen zu CI. Gegensatz zu NCI (Non Coded Information).

Client-Server-Technologie: Ein allgemeines Architekturprinzip moderner Datenverarbeitungssysteme. Eine Reihe von Servern (Dienern) – Einheiten, die bestimmte Dienste erbringen – stehen Clients (Kunden) gegenüber, die diese Dienste in Anspruch nehmen. Entscheidendes Merkmal ist die Autonomie der Clients und Server.

COM: Computer-Output on Mikrofilm; rechnergestützte Aufzeichnung von alphanumerischen und grafischen Informationen direkt auf Mikrofilm.

DIN: Deutsches Institut für Normung e. V.; mit dem 1975 geschlossenen Vertrag zwischen der Bundesrepublik und dem DIN erkennt die Bundesregierung das DIN als Normungsorganisation und als nationale Vertretung in internationalen Organisationen an. Die Arbeitsergebnisse von 121 Ausschüssen werden nach öffentlicher Vorlage und Prüfung durch die Normenprüfstelle als DIN-Norm in das Deutsche Normenwerk aufgenommen. Das DIN ist federführende nationale Vertretung bei den internationalen Normungsaktivitäten der ISO und in den europäischen Normungskomitees der IEC.

DIS: Draft International Standard, Normentwurf, kann noch redaktionell und technisch geändert werden.

DVD: Digital Versatile Disk; ein als Nachfolge-Speichermedium der CD-ROM anzusehender Massenspeicher der nächsten Generation mit ca. sechsfach größerer Speicherkapazität (knapp 5 GB), so daß hierauf z. B. komplette Spielfilme gespeichert werden können.

Dokumenten-Management-Systeme: Anwendung für die elektronische Bearbeitung, Recherche und Ablage von Dokumenten unter einheitlichen, transparenten Ablagestrukturen.

dpi: dots per inch (Punkte pro Zoll); Maß für die Auflösung bei digitaler Darstellung von Bildern und Dokumenten durch Anzahl der Punkte pro Zoll, meist im Zusammenhang mit Scannern, Bildschirmen, Kameras und Druckern. Es wird die Anzahl der Punkte pro Seite eines Quadrates, also für eine Längeneinheit angegeben.

EBCDIC: Extended Binary Coded Decimal Interchange Code; der in Mainframe-Anlagen allgemein gebräuchliche Standardcode, in dem Zeichen (Buchstaben, Ziffern und Sonderzeichen) in einer acht Binärstellen umfassenden Speichereinheit (Byte) verschlüsselt werden; im Gegensatz zum ASCII-Code (PC-Bereich). Eine Konvertierung von EBCDIC in ASCII ist mit Standard-Tools möglich.

ECC: Error Correction Code (Fehlerkorrektur-Code) einer CD-ROM entsprechend dem Yellow Book zum Zweck der Datenrekonstruktion im CD-ROM-Laufwerk.

ECMA: European Computer Manufacturing Association; Zusammenschluß europäischer Computerhersteller zur Einführung gemeinsamer Normen, vor allem im Bereich der neueren Datenträger (TC 131 „Optical Disc" gegründet 1984).

EDC: Error Detection Code (Code zur Fehlererkennung) einer CD-ROM entsprechend dem Yellow Book zum Zweck der Datenrekonstruktion im CD-ROM-Laufwerk.

FDIS: Final Draft International Standard, Normentwurf, kann nur noch redaktionell geändert werden.

GB: Gigabyte; Maßeinheit für die Informationsmenge und die Speicherkapazität. 1 GB sind 1.073.741.824 Byte.

GoBS: Grundsätze ordnungsmäßiger DV-gestützter Buchführungssysteme.

HGB: Handelsgesetzbuch; als Gesetz in Kraft getreten 1900, wichtigste Kodifikation des Handelsrechts.

IEC: International Electrotechnical Commission, Bezeichnung der Internationalen Elektrotechnischen Kommission.

Image: Abbild von Dokumenten, Bildern, Graphiken usw. Man unterscheidet zwischen analogen Images bei Erfassung durch Verfilmung (Mikrofilm, Fotografie) und digitalen Images bei Speicherung bildlicher Darstellungen aller Art in Form von Bildpunkten auf digitalen Speichern der Datenverarbeitung zur Wiedergabe über Bildschirm oder dazu geeigneten Druckern. Für die Erfassung des Inhalts von Papiervorlagen zur digitalen Speicherung dienen Scanner.

Index: Verzeichnis von Suchbegriffen, entweder alphabetisch oder hierarchisch angelegt, zum Wiederauffinden gespeicherter Informationen.

ISO: International Organization for Standardization; internationaler Verband der Normungsgremien von etwa 90 Ländern der Erde für alle Bereiche der Technik mit zahlreichen technischen Kommissionen. Für die Datenverarbeitung wurden durch die ISO eine Vielzahl von Einzelnormen und Normenkataloge erarbeitet.

Jukebox: Ursprünglich für optische Speicherplatten angebotene Einrichtung, bestehend aus Fächern bzw. kleinen Regalen für Datenträger, die mit Hilfe eines entsprechenden Mechanismus unter Programmsteuerung automatisch den zugehörigen Laufwerken zugeführt und nach Beendigung der erforderlichen Schreib- und Lesevorgänge wieder zurückbefördert werden. Später auch für andere Datenträger auf dem Markt; auch für verschiedene Datenträger in der gleichen Einheit eingesetzt.

KB: Kilobyte; Maßeinheit für die Informationsmenge und die Speicherkapazität. 1 KB sind 1.024 Byte.

MB: Megabyte; Maßeinheit für die Informationsmenge und die Speicherkapazität. 1 MB sind 1.048.576 Byte.

Migration: Überführung von Daten von einem Speichermedium und einer bestimmten Hardware-, Betriebssystem-und Softwareumgebung in eine andere, neuere Umgebung.

MOD: Magneto Optical Disk; löschbare und wiederbeschreibbare optische Platte.

NCI: Non Coded Information; Informationen in nicht codierter Form, z. B. die Folge abgetasteter Bildpunkte beim Scannen einer Vorlage; Gegenteil zu CI.

Netto-Image: Das Netto-Image enthält nur die variablen Informationen eines Dokumentes, also z. B. die eingefüllten Informationen, nicht aber die Formulargraphik.

OCR: Optical Character Recognition (optische Zeichenerkennung). Mithilfe von OCR-Verfahren kann die Bilddatei eines gedruckten Textes in eine Textdatei konvertiert werden.

OD: Optical Disk; allgemeine Bezeichnung für optische Speicherplatten (CD-ROM, WORM, reversible OD). Grundsätzlich geeignet zur Speicherung von codierten (CI) und nicht codierten (NCI) Informationen.

OSTA: Optical Storage Technology Association; internationaler Zusammenschluß von Computerherstellern (über 60 Mitglieder) zur Förderung der Verbreitung digitaler optischer Speichermedien zur Speicherung von Computerdaten und Bildern; wirkt an der Definition allgemein verbindlicher Standards mit.

RAM: Random Access Memory. Das RAM bezeichnet einen Halbleiterspeicher mit schnellem wahlfreiem Zugriff zu jeder (adressierbaren) Speicherzelle. Normalerweise sind die Arbeitsspeicher von Computern aus einer Vielzahl von Bauteilen dieser Art zusammengeschaltet.

TB: Terabyte; Maßeinheit für die Informationsmenge und die Speicherkapazität. 1 TB sind 1.099.511.627.776 Bytes.

TOC: Table of Contents (Inhaltsverzeichnis) einer Audio-CD entsprechend dem Red Book.

TR: Technical Report, Technischer Report, Inhalt ist nicht normungswürdig.

UDF: Universal Disk Format; ein Dateisystem-Format. Der UDF-Standard wurde von der Optical Storage Technology Association (*OSTA*) veröffentlicht. Die aktuelle Version des UDF-Standards kann sowohl auf CD-R und CD-E Medien als auch auf optischen Medien wie MO/WORM eingesetzt werden. UDF bedient sich der paketweisen Aufzeichnung von Daten.

WD: Working Draft; Arbeits-Entwurf

Workflow-Systeme: Nach Arbeitsabläufen ausgerichtete DV-Anwendungen, die eine möglichst optimale Steuerung und weitgehende Automation beim Bearbeiten von Vorgängen zum Ziel haben. Verschiedene Hersteller bieten Basis-Software an.

WORM: Write Once Read Many; ein Speichermedium, welches durch den Anwender selbst nur einmal beschrieben und beliebig oft gelesen werden kann.

Zertifizierung: Funktionstest an wiederbeschreibbaren Datenträgern, bei dem jede einzelne Einheit (im allgemeinen Blöcke von 512, 1024 oder 2048 Bytes) der spezifizierten Kapazität gelöscht, beschrieben und die geschriebenen Daten auf fehlerfreie Lesbarkeit geprüft werden. Werden dabei defekte Blöcke gefunden, so werden diese für die Nutzung gesperrt und durch fehlerfreie Blöcke aus dafür vorgesehenen Ersatz-Bändern (sog. Spare Bands) an anderer Stelle des Mediums ersetzt. Die spezifizierte Kapazität des Mediums bleibt dabei erhalten. Nutzen einer Zertifizierung für den Anwender ist eine zu 100 % funktionsgeprüfte Aufzeichnungsfläche auf dem Medium.

Begriffserklärungen teilweise entnommen aus: „Fachausdrücke Informationswirtschaft", AWV Schrift 06 569 und „Begriffe aus der Welt der Dokumentenverwaltung", eine Firmenschrift der Anacomp GmbH.

Kompatibilitätsstandards für die CD

Mehrere Standards definieren die logische und physikalische Struktur einer CD sowie die Strukturen und Schnittstellen der zugehörigen System-Software. Die folgenden Textabschnitte vermitteln Grundkenntnisse der Begriffe, die im Zusammenhang mit Compact Disks (CDs) benutzt werden (der folgende Text basiert auf Informationen der Firma PoINT Software & Systeme). Da die Standards in englischer Sprache verfaßt sind, werden hier weitgehend englische Begriffe benutzt. Wo keine Verwechslungsgefahr besteht oder deutsche Begriffe eindeutig englischen Begriffen gegenübergestellt werden können, werden auch deutsche Begriffe benutzt (wie z. B. Sektor für sector, Datei für file, Verzeichnis für directory).

Es gibt hauptsächlich vier Standards, die die Struktur einer CD auf der physikalischen Ebene und der Sektorebene beschreiben, das Red Book, das Yellow Book, das Green Book und das Orange Book.

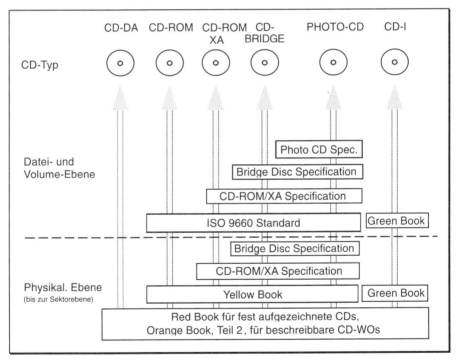

Abbildung 14: Standards für fest aufgezeichnete und für beschreibbare CDs

Der ISO-9660-Standard beschreibt das logische Layout der Volume- und Dateistruktur. Die folgende Abbildung zeigt, in welchem Verhältnis die Standards zueinander und zu den entsprechenden CD-Formaten stehen.

1. Red Book – CD-Audio-Standard

Das Red Book enthält den ältesten und grundlegenden Standard, die Spezifikation des am weitesten verbreiteten Typs einer CD, der digitalen Audio-CD. Deswegen wird eine digitale Audio-CD auch eine Red-Book-Compact-Disk genannt. Das Red Book beschreibt, wie Bytes als eine regelmäßige Folge von Vertiefungen und Erhöhungen (pits and lands) auf einer spiralförmigen Linie auf der Oberfläche der CD aufgezeichnet werden, wie Adreßinformationen in sogenannten Sub-Channels hinzugefügt werden und wie ein Inhaltsverzeichnis (*Table of Contents, TOC*) am CD-Anfang gespeichert wird. Es führt den Begriff „*Spur*" (*track*) ein. Eine Spur ist einfach ein Teil der spiralförmigen Aufzeichnung auf der CD, die üblicherweise einen anwählbaren Audiotitel, meistens ein Musikstück, enthält. Eine CD kann maximal 99 Spuren enthalten.

Spuren sind unterteilt in *Sektoren*[1]. Ein Sektor ist die kleinste adressierbare Einheit auf einer CD. Er enthält 2352 Bytes. Die physikalische Adresse eines Sektors wird angegeben in Minuten:Sekunden:Frames (1 Frame = 1/75 Sekunde). Beim Abspielen einer Audiospur müssen genau 75 Sektoren (Frames) pro Sekunde gelesen werden[2]. Da sich die Aufzeichnungsdichte von Vertiefungen und Erhöhungen nie ändert, muß die Umdrehungsgeschwindigkeit einer CD von innen nach außen abnehmen.

| Sektor = 2352 Bytes Audio-Abtastwerte |

Abbildung 15: Sektorformat für Audio-Aufzeichnungen gemäß dem Red Book

Das Inhaltsverzeichnis (Table of Contents, TOC) einer CD enthält die Anzahl, den Typ (Daten oder Audio) und die Startadresse der Spuren. Es befindet sich am Anfang der CD vor der ersten Spur mit eigentlichem Inhalt in einem gesonderten Bereich, der *Lead-In-Area* (*LIA*, auch *Lead-In-Track*, *Einführspur*) genannt wird. Im Anschluß an den mit eigentlicher Information beschriebenen Teil der CD befindet sich ein weiterer Bereich, der *Lead-Out-Area* (*LOA*, auch *Lead-Out-Track*, *Abschlußspur*) genannt wird. Die Lead-In-Area ist 60 Sekunden lang, die Lead-Out-Area 90 Sekunden.

---

[1] Statt Sektor wird bei einer Audio-CD oft auch der Begriff „Frame" verwandt, der aber nicht mit dem Begriff „Audio-Frame" verwechselt werden darf. Ein Audio-Frame bezeichnet einen Block von 24 Bytes, 98 Audio-Frames bilden einen Sektor (Frame).
[2] Die Daten auf einer Audio-CD stellen PCM-codierte Audio-Signale dar (16 Bits pro Abtastwert, 44,1 kHz, 2 Kanäle).

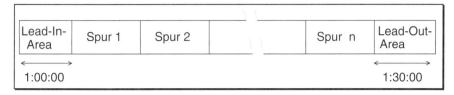

Abbildung 16: Lead-In- und Lead-Out-Area und Spuren gemäß dem Red Book

2. Yellow Book – CD-ROM-Standard

Das Yellow Book ergänzt das Red Book, indem es *Datenspuren* (*data-tracks*) einführt. Damit ist die Grundlage gelegt, eine CD als *Compact-Disk-Read-Only-Memory* (*CD-ROM*)[3] einzusetzen. Nach dem Yellow Book ist es möglich, sowohl Datenspuren als auch Audiospuren auf derselben CD zu haben. Danach kann eine CD zu Beginn eine oder mehrere Datenspuren haben, denen Audiospuren folgen können. Eine CD, die sowohl Datenspuren als auch Audiospuren enthält, wird allgemein auch als *mixed-mode CD* bezeichnet.

Das Yellow Book definiert zwei Typen von Datenspuren: CD-ROM-Modus 1 und CD-ROM-Modus 2 (CD-ROM mode 1 und mode 2). Spuren im Modus 1 sind für Computerdaten vorgesehen und können mit jedem CD-ROM-Laufwerk gelesen werden. Spuren im Modus 2 sind für komprimierte Audiodaten, Videodaten und Bilddaten vorgesehen. CD-ROM-Laufwerke müssen Modus-2-fähig sein, um Spuren im Modus 2 lesen zu können. Alle Multi-Session-fähigen Laufwerke sind Modus-2-fähig.

Das Yellow Book spezifiziert den 2352 Bytes großen Sektor detailliert. Die Sektoraufteilung ist unterschiedlich für Spuren im Modus 1 und Spuren im Modus 2, wie in der folgenden Abbildung gezeigt wird.

Die 288 Bytes EDC und ECC sind Codes zur Fehlererkennung (error detection codes, EDC) und zur Fehlerkorrektur (error correction codes, ECC) (3rd layer EDC, ECC). Wenn eine CD-Stelle verschrammt oder verschmutzt ist und daher nicht alle Bytes vom Laserstrahl gelesen werden können, werden EDC und ECC vom CD-ROM-Laufwerk zur Datenrekonstruktion verwendet.

---

[3] Read-Only-Memory = nur lesbarer Speicher.

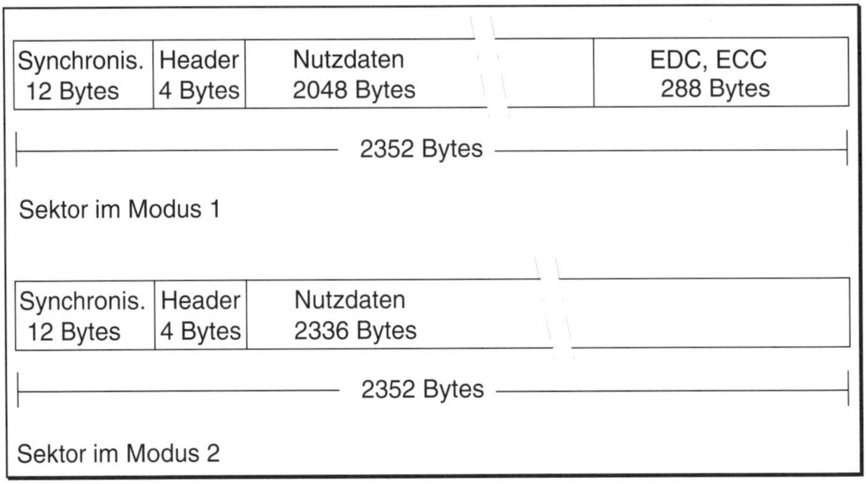

| Synchronis. 12 Bytes | Header 4 Bytes | Nutzdaten 2048 Bytes | EDC, ECC 288 Bytes |

|—————————— 2352 Bytes ——————————|

Sektor im Modus 1

| Synchronis. 12 Bytes | Header 4 Bytes | Nutzdaten 2336 Bytes |

|—————————— 2352 Bytes ——————————|

Sektor im Modus 2

Abbildung 17: Sektoraufteilung im Modus 1 und im Modus 2

Da Spuren im Modus 1 Computerdaten enthalten, ist eine wirksame Fehlererkennung und Fehlerkorrektur für diese Spuren wichtig. Bei Spuren im Modus 2, die Audio-, Video- und Bilddaten enthalten, ist eine Fehlererkennung und -korrektur nicht so wichtig, so daß mehr Platz zur Aufzeichnung von Nutzdaten zur Verfügung steht. Ein Moduswechsel innerhalb einer Spur ist nicht zulässig.

Die CD-ROM/XA-Spezifikation erweitert den Standard des Yellow Book, indem ein neuer Spurtyp, nämlich Modus 2 XA (extended architecture) definiert wird. In einer Spur dieses Typs können sowohl hoch empfindliche Daten mit EDC und ECC gespeichert werden (Form 1) als auch weniger empfindliche Daten mit EDC ohne ECC (Form 2). Beide Formen enthalten hinter dem Header einen doppelt aufgezeichneten Subheader (4 Bytes je Aufzeichnung), der die Art der Nutzdaten und die Sektorform angibt.

Ein Sektor vom Modus 2 in der Form 1 ist vergleichbar mit einem Sektor vom Modus 1. Beide enthalten 2048 Bytes Nutzdaten und EDC und ECC. Ein Sektor vom Modus 2 in der Form 2 ist, wie oben gesagt, vorgesehen für weniger empfindliche Daten wie beispielsweise ADPCM[4]-Audio- oder -Videoinformation. Innerhalb einer Spur vom Modus 2 XA kann die Form von Sektor zu Sektor wechseln. Auf diese Weise können ADPCM-Audio- und -Videosektoren und Datensektoren in beliebiger Folge aufgezeichnet und damit simultan abgespielt werden.

---

[4] Adaptive Differential Pulse Code Modulation.

3. Green Book – CD-I-Standard

Die CD betreffenden Teile des Green Book legen fest, wie Folgen von Echtzeitdaten auf einer CD mit dem Spurmodus 2 gespeichert und angeordnet werden (ADPCM-Audio, Video, Daten gemischt). CDs, die dem Standard im Green Book entsprechen, sind eher bekannt als *Compact-Disk-Interactive* (*CD-I*). Der gesamte Standard des Green Book definiert Hardware- und Softwarekomponenten eines Basis-CD-I-Systems. Eine CD im reinen CD-I-Format kann nicht von einem CD-ROM-Laufwerk gelesen werden, da CD-I-Spuren nicht von dem CD-ROM-Laufwerk erkannt werden. Wie bei dem CD-ROM/XA-Standard können Sektoren mit komprimierten Audiodaten und Sektoren mit Computerdaten beliebig durcheinander vorkommen. Eine CD-I-Spur hat dieselbe Sektoraufteilung wie eine CD-ROM/XA-Spur (Abbildung 18).

Sector Sync 12 Bytes	Header 4 Bytes	Subheader 8 Bytes	Nutzdaten 2048 Bytes	EDC, ECC 280 Bytes

Modus 2, Form 1

Sector Sync 12 Bytes	Header 4 Bytes	Subheader 8 Bytes	Nutzdaten 2324 Bytes	EDC 4 Bytes

Modus 2, Form 2

|———————————— 2352 Bytes ————————————|

Abbildung 18: Aufteilung eines Sektors im Modus 2 gemäß der CD-ROM/XA-Spezifikation

4. Orange Book – Standard für beschreibbare CDs

Mit dem Standard, der im Orange Book beschrieben wird, wird ein neuer Typ von CD eingeführt, auf die ein Anwender Audiodaten und Computerdaten selbst aufzeichnen kann.

Teil 1 des Orange Book beschreibt eine *CD-MO* (Compact Disk – Magneto Optical), bei der Daten aufgezeichnet, gelöscht und erneut aufgezeichnet werden können. Sowohl der physikalische als auch der logische Aufbau einer CD-MO unterscheidet sich grundlegend von dem als CD bekannten Medium. Daher können CD-MOs nur in speziellen Geräten und nur zur Aufzeichnung von Daten verwendet werden und werden im folgenden nicht weiter berücksichtigt.

Teil 2 des Orange Book beschreibt eine *CD-WO* (Compact Disk – Write Once), auf die Daten geschrieben werden können, bei der aber die geschriebenen Daten nicht gelöscht werden können. Die Daten werden so aufgezeichnet, daß sie einerseits kompatibel zu bestehenden CD-ROM-Laufwerken sind, andererseits aber jederzeit Daten hinzugefügt werden können (Hybrid CD-WO). Die Aufzeichnungen müssen abgeschlossen[5] oder fixiert werden, um mit einem CD-ROM-Laufwerk gelesen werden zu können.

Teil 3 des Orange Book beschreibt eine *CD-E* (Compact Disk-Erasable), auf der Daten geschrieben und auch überschrieben werden können. Die CD-E ist bezüglich ihres Aufbaus einer CD-WO vergleichbar. Sie können aber nur in modernen Multi-Read-fähigen CD-ROM-Laufwerken gelesen werden. Bemerkenswert ist jedoch, daß alle CD-E-Recorder auch die CD-WOs beschreiben können.

Ein wesentlicher Teil der im Orange Book gewählten Lösung ist die Einführung des Begriffs „*Session*" in der Definition der physikalischen Aufteilung einer CD. Die Struktur einer Session ist in der Praxis die Struktur einer gesamten im Yellow Book definierten CD. Eine Session besteht aus einer Lead-In-Area, Spuren und einer Lead-Out-Area. Im Gegensatz zum Yellow Book kann aber eine Orange-Book-CD mehrere Sessions enthalten. Ein Multi-Session-fähiges CD-ROM-Laufwerke kann physikalisch auf alle abgeschlossenen Sessions zugreifen. Ältere, nicht Multi-Session-fähige CD-ROM-Laufwerke können nur die erste Session lesen.

Die Länge der Lead-In-Area (LIA) ist stets 60 Sekunden (wie auch bei Yellow-Book-CDs). Wegen der Kompatibilität zu einer CD-ROM ist die Länge der Lead-Out-Area (LOA) der ersten Session 90 Sekunden, während sie in den folgenden Sessions nur 30 Sekunden beträgt. LIA und LOA zusammen sind also für die erste Session 2 Minuten und 30 Sekunden[6] (Abbildung 16), für die folgenden Sessions 1 Minute und 30 Sekunden[7] lang.

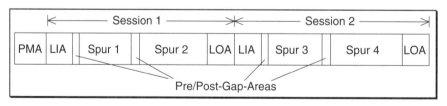

Abbildung 19: Multi-Session-CD mit zwei Sessions und vier Spuren

---

[5] LIA (mit TOC) und LOA müssen geschrieben werden.
[6] 11250 Sektoren = Platz für 22500 K Bytes Nutzdaten.

Eine CD-WO ist zunächst einmal leer und enthält nur eine vorgezeichnete Linie, auf der die Daten zukünftig aufgezeichnet werden können. Zu diesem Zeitpunkt steht es noch offen, nach welchem CD-Standard die Aufzeichnung erfolgen soll. Der Anwender entscheidet, was aus der CD-WO werden soll. Mit der derzeitigen Technik ist die kleinste Einheit, die in einem Vorgang aufgezeichnet werden kann, eine Spur (*track-at-once* technology). Jede Spur ist mindestens vier Sekunden lang[8].

Vor einer Datenspur befindet sich immer eine *Pre-Gap-Area* (*Vorlaufbereich*) mit Strukturinformation, die nicht zur Aufzeichnung von Nutzdaten gebraucht werden kann. An eine Datenspur werden immer zwei *Run-Out-Blocks* (*Auslauf-Sektoren*) angehängt. Falls auf eine Datenspur eine Spur mit einem anderen Spurmodus folgt, wird die Datenspur zusätzlich mit einer *Post-Gap-Area* (*Nachlaufbereich*) versehen. (Modus 1 ⇨ Modus 2, Modus 2 ⇨ Modus 1, Modus 1 oder Modus 2 ⇨ Audio). Eine Pre-Gap-Area ist genau 150, eine Post-Gap-Area mindestens 150 Sektoren lang.

Für Audiospuren ist weder eine Pre-Gap-Area noch eine Post-Gap-Area vorgeschrieben. Jedoch müssen Audiospuren, die einer Datenspur folgen, mit einer mindestens 150 Sektoren großen Pre-Gap-Area beginnen, die in diesem Fall als Pause bezeichnet wird. Unglücklicherweise fügen einige CD-Recorder vor *jeder* Audiospur eine Pause von zwei Sekunden Länge ein. Daher ist es mit diesen CD-Recordern kaum möglich, professionelle Audio-CDs nach dem Red-Book-Standard zu erstellen. Abhilfe schafft hier das Disk-at-once (DAO) Verfahren, bei dem eine komplette CD unterbrechungsfrei beschrieben wird.

Der Standard legt genau fest, wo Pre-Gap-Area, Run-Out-Blocks und Post-Gap-Area erscheinen müssen. Sie werden beim Aufzeichnen automatisch hinzugefügt. Der Anwender hat hierauf keinen Einfluß. Da diese Bereiche Platz auf der CD beanspruchen, müssen diese aber in Betracht gezogen werden, wenn errechnet werden soll, wie viele Spuren für eine Aufzeichnung benötigt werden.

An eine bestehende Aufzeichnung, die mit Spur 1 beginnt, können weitere Spuren angehängt werden. Solange eine Aufzeichnung noch nicht abgeschlossen ist, wird der aktuelle Zustand des Inhaltsverzeichnisses (TOC) in einem besonderen Bereich auf der CD-WO aufgezeichnet. Dieser Bereich heißt *Program Memory Area* (*PMA*). Er liegt außerhalb des regulären Datenbereichs einer CD-Oberfläche und wird nicht von einem CD-ROM-

---

[7] 6750 Sektoren = Platz für 13500 K Bytes Nutzdaten.
[8] 300 Sektoren = 600 K Bytes Nutzdaten.

Laufwerk zur Kenntnis genommen. Dank der PMA kann eine CD aus dem CD-Recorder entnommen werden, bevor die Aufzeichnung abgeschlossen worden ist. Die Aufzeichnung kann mit einer neuen Spur zu einem späteren Zeitpunkt – auch auf einem anderen CD-Recorder – fortgesetzt oder abgeschlossen werden.

5. Die CD-BRIDGE-Spezifikation

Die BRIDGE-Spezifikation für CDs legt eine Struktur für die Computerdaten auf einer CD fest, die sowohl von jedem PC mit einem CD-ROM/XA-fähigen Laufwerk als auch von CD-I-Systemen verstanden wird.

Alle Datenspuren einer BRIDGE-CD sind im Modus 2/XA aufgezeichnet. Den Datenspuren können Audiospuren folgen. Die Sektoraufteilung für BRIDGE-CDs ist in der CD-ROM/XA- bzw. CD-I-Spezifikation festgelegt.

Sowohl eine fest aufgezeichnete CD als auch eine beschreibbare CD kann BRIDGE-CD sein. Für beschreibbare CDs enthält die BRIDGE-Spezifikation eine Methode, mit der bei einer ISO-9660-konformen CD Daten angehängt werden können. Dazu wird das im Orange Book beschriebene Multi-Session-Konzept mit Modus-2-Spuren genutzt. Die FOTO-CD von Kodak ist das z. Z. bekannteste Beispiel einer BRIDGE-CD.

6. ISO 9660 und seine Anwendung auf BRIDGE-CDs

Die bisher erwähnten Standards beschreiben hauptsächlich die physikalische Struktur einer CD bis hin zur Sektorebene. Die Definition der logischen Struktur, d. h. der Struktur auf Dateiebene, ist aber ebenso wichtig für CDs, mit denen Informationen verteilt werden, denn die logische Struktur bestimmt, auf welchen Systemen die verteilten Daten gelesen und weiterverarbeitet werden können. Zur Zeit gibt es zwei wichtige Spezifikationen, die die logische Struktur für Yellow-Book-CD-ROMs festlegen: ISO 9660 und der Vorschlag der High Sierra Group (HSG). Der HSG-Vorschlag war die Grundlage für den ISO-Standard und ist ihm daher sehr ähnlich. CDs nach beiden Standards werden von der Microsoft-CD-ROM-Erweiterung (MS-CDEX) und von fast allen CD-ROM-Dateisystem-Erweiterungen anderer Betriebssysteme verarbeitet.

Der ISO-9660-Standard spezifiziert die Dateisystem-Struktur (volume structure) von CDs für den Informationsaustausch zwischen Anwendern von informationsverarbeitenden Anlagen. Unter anderem spezifiziert ISO 9660 Dateisystemattribute, die Anordnung von Dateien und Dateiattribute.

Ein Betriebssystem muß Treiber für den Zugriff auf die ISO-9660-Struktur haben (z. B. MSCDEX), um eine ISO-9660-CD lesen zu können. In ISO 9660 wird ein Volume aufgeteilt in logische Sektoren. Die Sektornummern werden zur Adressierung der Daten im Volume benutzt. Dateisystemerweiterungen wie MSCDEX erwarten, daß ein ISO-9660-Dateisystem auf einer CD-ROM mit dem logischen Sektor 0 beginnt. Auf der Schnittstelle zum CD-ROM-Laufwerk werden Sektoren mit den physikalischen Sektornummern adressiert[9].

ISO 9660 kennt kein Abbildungsverfahren zwischen logischen und physikalischen Sektoren. Daher sind bei ISO-9660-CD-ROMs logische Sektornummern und physikalische Sektornummern gleich. Weil somit auf einer CD-R ein echtes ISO-9660-Dateisystem weder physikalisch (durch Löschen oder Überschreiben) noch logisch (durch ein Abbildungsverfahren) verändert werden kann, können auch keine Daten verändert oder hinzugefügt werden.

Im Gegensatz zu ISO 9660 kennt die BRIDGE-Spezifikation ein Abbildungsverfahren für logische Sektornummern auf Multi-Session-CDs. Die Spezifikation schreibt vor, daß ein CD-ROM-Gerätetreiber für Multi-Session-Geräte den logischen Adreßraum der ISO-9660-Volume-Descriptor-Area auf den physikalischen Adreßraum der letzten Session einer CD abbildet. Diese Abbildung geschieht auf Gerätetreiber-Ebene und ist für die darüber liegenden Softwareschichten nicht sichtbar.

Nur über die *Dateisystembeschreibung* (*Volume Descriptor*) kann ein System an das ISO-9660-Volume gelangen. (Die Dateisystembeschreibung ist funktional vergleichbar dem Boot-Sektor einer Diskette oder Festplatte). Der Anwender sieht immer nur das letzte ISO-9660-Volume (das ist das Volume der letzten Session) einer Multi-Session-CD. In diesem Volume können sich aber Rückwärtsverweise auf Dateien vorhergehender Volumes (Sessions) befinden, so daß diese Dateien dem Anwender gegenüber als Dateien des letzten Volumes erscheinen.

7. Bekannte Erweiterungen zu ISO 9660

ISO 9660 beschränkt sich bei seinen Vorgaben bzgl. Namenskonventionen und maximaler Tiefe der Verzeichnisbäume auf ein Minimum. Dadurch wird gewährleistet, daß eine ISO 9660-konforme CD unter jedem bekannten Betriebssystem verwendet und vollständig gelesen werden kann. Diese Einschränkungen sind jedoch in vielen Systemumgebungen (z. B. Unix oder Microsoft Windows) unangenehm, weil viele Dateien mit systemüblichen

---

[9] Der erste Sektor der ersten Spur der ersten Session hat die physikalische Sektornummer 0.

Namen wegen verbotener Zeichen oder zu großer Länge nicht auf eine ISO 9660-CD übertragen werden können. Um diese Einschränkung zu umgehen, haben verschiedene Instanzen Erweiterungen zu ISO 9660 spezifiziert.

Die Rock-Ridge-Spezifikation erlaubt es, beliebige Namen und Verzeichnistiefen zu übertragen. Dabei werden in den von ISO 9660 festgelegten Strukturbereichen nur ISO 9660-konforme Synonyme abgelegt, die tatsächlichen Namen werden in den für Anwendungen reservierten Strukturbereichen untergebracht.

Die Joliet-Spezifikation (Microsoft) arbeitet mit einer zweiten, parallel zur ISO 9660-Struktur angelegten Verzeichnisstruktur. Hier gelten dann die in Microsoft-Betriebssystemen üblichen Einschränkungen.

Die Hybrid-CD (Apple) enthält ebenfalls eine zweite, parallel zur ISO 9660-Struktur angelegte Verzeichnisstruktur. Hier gelten dann die in Macintosh-Umgebungen üblichen Einschränkungen.

8. Weitere bekannte Standards

Weitere bekannte Standards wie CD-Extra (CD-Plus) und Video-CD basieren auf den oben genannten Standards und Spezifikationen. Sie fügen generell weitere Einschränkungen bzw. genaue Vorgaben zum Aufbau der ISO 9660-Struktur sowie zur Position und zum Inhalt einzelner Dateien auf der CD hinzu.

Dadurch wird gewährleistet, daß die CDs zum einen in einfachen Abspielgeräten (Audio- und Video-CD-Spielern) verwendet werden können, die aufgrund ihres einfachen Aufbaus keine ISO 9660-Strukturen interpretieren können, sondern auf feste Positionen angewiesen sind.

Zum anderen können die CDs in Computern verwendet werden. Hier können dann zusätzlich Hintergrundinformationen dargestellt werden. Darunter fallen z. B. zusätzliche Video-Clips, Liedtexte, Lebensläufe der Musiker bzw. Schauspieler.

9. Paketaufzeichnung und UDF

Der Vorteil der spurweisen Aufzeichnung von Daten auf einer CD im (erweiterten) ISO 9660-Format ist in der Kompatibilität der geschriebenen CDs selbst mit ältesten CD-ROM-Laufwerken zu sehen. Die wesentlichen Nachteile des Verfahrens sind, daß alle zu schreibenden Dateien gleichzeitig verfügbar und bekannt sein müssen, um in eine Spur geschrieben werden zu können. Weiterhin kann die CD zwar mehrfach erweitert werden, indem

Dateien in neuen Sessions zugefügt werden. Dabei geht aber viel Speicherplatz für LIA und LOA verloren, wodurch die Anzahl der unabhängigen Schreibzugriffe auf maximal 47 Sessions beschränkt ist. Zusätzlich müssen Dateisystembeschreibung sowie Verzeichnisstruktur in jeder neuen Session komplett neu geschrieben werden.

Auf Grund dieser Einschränkungen ist es unmöglich, eine beschreibbare CD auf Basis des ISO 9660-Standards so transparent in ein Betriebssystem zu intergrieren, wie man es z. B. von einer Festplatte oder einer Diskette gewohnt ist. Weil die Forderung der Anwender nach einer derartigen Integration jedoch immer lauter wurde, legte man ein weiteres Dateisystem-Format fest: das *Universal Disk Format (UDF)*.

Der UDF-Standard wurde von der Optical Storage Technology Association (*OSTA*) veröffentlicht. Hervorgegangen ist er aus dem ISO-Standard *ISO-13346*, der seinerseits das Ergebnis eines Entwurfs der *ECMA* war, die unter dem Begriff *ECMA-167* ein Dateisystem für das Beschreiben von optischen Medien spezifiziert hat. OSTA adaptierte den ISO 13346 und veröffentlichte ihn unter dem Namen *Universal Disk Format*. Die neueste Version 1.5 des UDF-Standards kann sowohl auf CD-R und CD-E Medien als auch auf optischen Medien wie MO/WORM eingesetzt werden.

UDF bedient sich der paketweisen Aufzeichnung von Daten (*Packet Recording*). Diese Aufzeichnungsart wird ebenfalls im Orange Book eingeführt. Im Gegensatz zur spurweisen Aufzeichnung wird hier der Nutzdatenbereich einer Datenspur in beliebig kleine Datenpakete gegliedert, die einzeln beschrieben werden. Wie bei der spurweisen Aufzeichnung beschrieben, wird auch jedes Paket mit zwei Run-Out-Blocks beendet. Weiterhin beginnt jedes Paket mit einem Link-Block (Verknüpfungssektor) sowie mit 4 Run-In-Blocks (Einlaufsektoren). Diese Sektoren können keine Nutzdaten aufnehmen. Also geht auch bei der paketweisen Aufzeichnung Speicherplatz verloren, der jedoch mit wachsender Paketgröße immer vernachlässigbarer wird.

Abbildung 20: Aufbau eines Paketes

Bei der Gliederung der Datenspur kann man sich entweder für eine feste (*Fixed Packet Recording*) oder eine variable (*Variable Packet Recording*) Paketgröße entscheiden. Die Entscheidung für die mögliche Paketgröße hat großen Einfluß auf die Anwendungmöglichkeiten der CD.

Die variable Paketgröße erlaubt es einerseits, die Größe der Datenpakete an die Größe der Dateien anzupassen oder aber auch mehrere Dateien in ein Paket zu schreiben. Dadurch wird der Speicherverlust minimiert. Auf der anderen Seite gestaltet sich die Verwaltung des bereits beschriebenen Platzes im Hinblick auf ein späteres Überschreiben äußerst schwierig, da auch immer die Position der Verknüpfungssektoren berücksichtigt werden muß. Deshalb werden variable Pakete heute nur auf einmal beschreibbaren Medien eingesetzt.

Eine feste Paketgröße von 32 Sektoren wird heute generell auf wiederbeschreibbaren Medien eingesetzt. Sie macht die Verwaltung des verfügbaren Platzes und damit ein Überschreiben sehr leicht. Weiterhin unterstützen die neueren CD-ROM-Laufwerke die feste Paketgröße besonders dadurch, daß das CD-ROM-Laufwerk beim Lesen bereits automatisch die Verknüpfungssektoren überspringt und ausfiltert. Damit bietet eine CD, deren Datenspur in feste Pakete gegliedert ist, die gleichen Möglichkeiten, die man auch von einer Festplatte gewohnt ist, und erfüllt damit den Wunsch der Anwender am besten. Der einzige verbleibende Nachteil besteht im relativ großen Verlust an Speicherplatz von etwa 18 %.

Derzeit ist die Verbreitung des *Universal Disk Format* auf CDs noch nicht sehr groß und mit der von ISO 9660 nicht zu vergleichen. Dies begründet sich speziell darin, daß paketweise aufgezeichnete CDs von vielen älteren CD-ROM-Laufwerken nicht gelesen werden können. Allerdings ist abzusehen, daß die Verbreitung durch den allgemein akzeptierten UDF-Standard, durch die laufende Erneuerung der CD-ROM-Laufwerke und speziell durch die Einführung der kapazitätsstarken DVD-RAM (Digital Versatile Disk – Random Access Memory) schnell zunehmen wird.

Übersicht Normen und Standards

DIN-Normen Mikrographie (Stand April 1999)

In dieser Aufstellung sind nur die wichtigsten Normen der Mikrographie enthalten. Normen für die Mikroverfilmung von technischen Unterlagen, Testvorlagen zur Qualitäts-Prüfung und Sonder-Mikroformen sind nicht enthalten.

DIN 4512-1/ 4518-1/1551-1/ 19051-1	Testvorlagen für die Reprographie; ISO-Testzeichen Nr. 1 und Nr. 2 als Grundelemente für Testfelder
DIN 19051-2	Testvorlagen für die Reprographie; Testfelder zum Prüfen der Lesbarkeit und Messung des Auflösungsvermögens
DIN 19051-3	Testvorlagen für die Reprographie; Testanordnung (Testtafel) zur Prüfung der Mikroverfilmung mit Schrittkamera von technischen Zeichnungen
DIN 19051-4	Testvorlagen für die Mikrographie; DIN-Testblatt B zum Prüfen der optischen Dichte und zum Ermitteln des Abbildungs-Maßstabes der Aufnahme
DIN 19051-21	Testvorlagen für die Mikrographie; Probeaufnahmen zum Festlegen der Aufnahmebedingungen für die Verfilmung von Schriftgut, Schrifttum und Zeitungen
DIN 19053	Mikrofilmkarte für Film 35 mm
DIN 19057	Mikrofilmtechnik; Verfilmung von Zeitungen; Aufnahme auf Film 35 mm
DIN 19058	Farbmikrofilm; Aufnahmetechnik, Herstellen von Original-Strichvorlagen und Halbton-Vorlagen, Bewertung
DIN 19061	Digitale Informationsausgabe auf Film 35 mm in Mikrofilmkarten; Anforderungen und Prüfung
DIN 19063-1	Mikrofilmtasche (Microfilm Jacket); Allgemeine Anforderungen
DIN 19063-2	Mikrofilmtasche (Microfilm Mikrofilmtasche (Jakket)); Format 105 mm x 148 mm (A6); Maße

DIN 19069/ISO 417	Bestimmung des Restgehalts an Thiosulfat und anderen Chemikalien in verarbeiteten fotografischen Filmen, Platten und Papieren – Jod-Stärke-Methode, Methylenblau-Methode und densitometrische Silber-Methode
DIN 19070 Teil 1	Haltbarkeit verarbeiteter strahlungsempfindlicher Materialien
DIN 19070 Teil 3	Haltbarkeit verarbeiteter strahlungsempfindlicher Materialien
DIN 19078-1	Mikrofilmtechnik; Mikrofilm-Lesegeräte; Anforderungen an Durchlicht-Mikrofilm-Lesegeräte
DIN 4512 Teil 7–10	Densitometrische Prüfung
DIN 4518/ISO 6148	Strahlungsempfindliche Materialien für die Reprographie und Mikrographie, Silberhalegonidmaterialien, Maße
DIN 15551/ISO 543	Strahlungsempfindliche Filme, Sicherheitsfilm, Begriffe, Anforderungen, Prüfung

ISO-Standards Mikrographie (Stand April 1999)

In dieser Aufstellung sind nur die wichtigsten Normen der Mikrographie enthalten. Normen für die Mikroverfilmung von technischen Unterlagen, Testvorlagen zur Qualitäts-Prüfung und Sonder-Mikroformen sind nicht enthalten.

ISO 446	Mikrographie; ISO-Testzeichen und ISO-Testanordnung Nr. 1; Beschreibung und Anwendung
ISO 1116	Mikrokopieren; 35-mm- und 16-mm-Mikrofilme, Spulen und Rollen
ISO/FDIS 1116	Mikrographie; Spulen für Mikrofilm 16 mm und 35 mm; Maße
ISO 3334	Mikrographie; ISO-Testzeichen Nr. 2 zum Ermitteln des Auflösungsvermögens; Beschreibung und Anwendung
ISO 4087	Mikrographie; Mikroverfilmung von Zeitungen auf Mikrofilm 35 mm für Archivzwecke
DIN/ISO 4330	Bestimmung der Krümmung von fotografischem Film

ISO 4331	Filme vom Silber-Gelatine-Typ auf Celluloseester-Unterlage und auf Polyethylenterephthalat-Unterlage, Eigenschaften und Prüfung
ISO 5466	Aufbewahrung verarbeiteter Sicherheitsfilme
ISO 6196-7	Mikrographie; Begriffe; Teil 7: Computer-Mikrographie
ISO 6197-1	Mikrokopien von Zeitungsausschnitten Teil 1: 16-mm-Silber-Gelatine-Mikrofilm
ISO 6197-2	Mikroverfilmung von Presseausschnitten Teil 2: Microfiche Format A6
ISO 6198	Mikrographie; Mikrofilm-Lesegeräte für transparente Mikroformen
ISO 6199	Mikrographie; Verfilmung von Schrifttum auf 16-mm- und 35-mm-Mikrofilm vom Silber-Gelatine-Typ
ISO 6200	Mikrographie; Optische Dichte der ersten Generation von Mikroformen vom Silber-Gelatine-Typ
ISO/DIS 7762	Mikrographie; Kassette für entwickelten Mikrofilm 16 mm; Maße und Anforderungen
ISO 8126	Mikrographie; Diazo- und Vesikularfilme; Visuelle optische Dichte; Spezifikationen
ISO 8514-1	Mikrographie; Alphanumerische COM-Mikroformen; Qualitätskontrolle; Teil 1: Eigenschaften des Testdias und Testanordnung
ISO 8514-2	Mikrographie; Alphanumerische COM-Mikroformen; Qualitätskontrolle; Teil 2: Verfahren
ISO 9923	Mikrographie; Mikroplanfilm A6, Bildanordnungen
ISO 10196	Mikrographie; Empfehlungen für die Beschaffenheit von Original-Unterlagen
ISO 10197	Mikrographie; Lese-Kopiergeräte für transparente Mikroformen; Eigenschaften
ISO 10198	Mikrographie; Durchlaufkameras für Mikrofilm 16 mm; Mechanische und optische Eigenschaften
DIN/ ISO 10214	Verarbeitete fotografische Materialien; Aufbewahrungsmittel für die Lagerung

ISO 10602: 1995	Photography; Processed Silver-Gelatine Type black-and-white Film; Specifications for Stability
ISO/TR 10200	Gesetzliche Anerkennung von Mikroformen
ISO/DIS 10549	Mikrographie; Mikrofilmkarten im Format A6
ISO/DIS 10922	Kassetten für optische Bildplatten (OCD); Mindestangaben auf Versanbehältnissen, Beschriftungsfeldern und Aufklebern
ISO/DIS 11141	Mikrographie; ISO-Mikro-Testzeichen Nr. 2: Beschreibung und Anwendung
ISO/DIS 11698-1	Mikrographie; Verfahren zur Qualitätskontrolle der Abtaster für Mikrofilmkarten, Teil 1: Beschreibung der Testbilder
ISO/DIS 11698-2	Mikrographie; Verfahren zur Qualitätskontrolle der Abtaster für Mikrofilmkarten, Teil 2: Qualitätskriterien und Bewertung
ISO/DIS 1190	Mikrographie; Mikroverfilmung von Serials für Archivzwecke
ISO/DIS 11928-1	Mikrographie; Qualitätsanforderungen für graphische COM-Aufzeichnungsgeräte; Teil 1: Eigenschaften der Testvorlagen
ISO/DIS 11928-2	Mikrographie; Qualitätsanforderungen für graphische COM-Aufzeichnungsgeräte; Teil 2: Prüfverfahren
ISO/DIS 11962	Mikrographie; Bildmarken (Blip) zur Anwendung bei Film 16 mm und 35 mm in Rollenform
ISO/DIS 12024	Mikrographie; Prüfung der auf optischen CD-Media gespeicherten Information
ISO/TR 12037	Elektronische Bildaufzeichnung; Empfehlungen für die Löschung der auf optischer Platte (WORM) aufgezeichneten Information
ISO/FDIS 12650	Mikrographie; Mikroverfilmung von achromatischen Vermessungskarten auf Mikrofilm 35 mm
ISO/DIS 12651	Elektronische Dokumenten-Ein- und -Ausgabe; Vokabular

ISO/TR 12654	Elektronische Bildaufzeichnung; Empfehlungen für den Gebrauch der elektronischen Aufzeichnungssysteme für die Aufzeichnung von Dokumenten, die als Beweismittel benötigt werden können, auf WORM optischer Platte
ISO/DIS 14105	Elektronische Bildaufzeichnung; Humane und organisatorische Aspekte für zufriedenstellende Umsetzung der EIM-Systeme
ISO/FDIS 14985	„Hard-Copy"-Ausgabe von technischen Zeichnungen; Festlegungen für den Aufbau der Prüfdateien

Internationale Optische Platten (OD)-Standards (ISO/IEC/JTC 1/SC 23)

ANSI IT9, 21 oder ISO/IEC JTC 1/SC 23 N 1075 /-1076 In Bearbeitung (CD-ROM)

ANSI IT9, 26 oder ISO/IEC JTC 1/SC 23 N 1077 Life Expectancy of Magneot-Optic (MO) Discs – Method for Estimating, Based on Effects of Temperature and Humidity

ISO 10885	356 mm Optical Disk Cartridge for Information Interchange – Write Once
[ECM97]	Volume and File Structure for Write-Once and Rewriteable Media using Non-Sequential Recording for Information Interchange (3) – ECMA (1997)
[UDF96]	Universal Disk Format (1.02) – OSTA (1996)
[UDF97]	Universal Disk Format (1.50) – OSTA (1997)
[UDF98]	Universal Disk Format (2.00) – OSTA (1998)
[OB]	Orange Book – Recordable Compact Disc Systems; System Description January 1994 Part II: CD-WO Version 2.0; Sony Corporation and N.V. Philips
IEC 1909	MiniDisc (MD), 64 mm, Interchangebility of OD & MOD
ISO(IEC 16 499)	80 mm DVD, DVD Read Only Disk
ISO 9660	CD-ROM
ISO/WD 15 525	CD-ROM, Life Expectancy of CD-ROM

ISO 10 885/1993	WORM 356 mm Optical Disk Cartridge for Information Interchange – Write once
ISO/IEC DIS 15 898	WORM 356 mm, Data Interchange (PCT) = 14,8 & 25 GB
ISO 13 403/1995	WORM 300 mm, Interchange using CCS Method
ISO 13 614/1995	WORM 300 mm, Interchange using SSF Method
ISO 9171-1/1990	WORM 130 mm, Cartridge
ISO 9171-2/1990	WORM 130 mm, Recording Format
ISO 10 089/1991	MO 130 mm, Cartridge
ISO/TR 10 091/1995	WORM 130 mm, Technical Aspects Recording Format
ISO 11 560/1992	MO 130 mm, Information Interchange
ISO/DIS 12 654	MO 130 mm, Electronic Imaging as used as evidence
ISO 13 481/1993	MO 130 mm, Data Interchange, Capacity 1.0 GB
ISO 13 549/1993	MO 130 mm, Data Interchange, Capacity 1.3 GB
ISO 13 842/1995	MO 130 mm, Cartridge, Capacity 2,0 GB
(N) ISO/IEC 14 517	MO 130 mm, Cartridge, Capacity 2,6 GB=20
ISO/WD 15 286	MO 130 mm, Information Interchange, Capacity 5,2 GB
ISO 15 486/DIS	MO 130 mm, Data Interchange, Capacity 2,6 GB (Irreversible Effects)
ISO 10 149/1995	CD 120 mm, Data Interchange
ISO/DIS 15 485	PD 120 mm, Data Interchange, Capacity 650 MB
ISO/IEC 16 448	120 mm DVD, 120 mm DVD Read Only Disk
ISO/IEC 16 824	120 mm DVD-RAM, DVD Rewritable Disk
ISO/IEC 16 969	120 mm RW, Data Interchange (RW-Format) 3 & 6 GB
ISO 10 090/1992	MO 90 mm, Data Interchange
ISO/TR 13 561/1994	MO 90 mm, Guidelines for Effective Use (Conforming ISO/IEC 10 090)
ISO/TR 13 841/1995	MO 90 mm, Guidance on Measurement Techniques

ISO 13 963/1995	MO 90 mm, Data Interchange, Capacity 230 MB
ISO/DIS 14 760	PC 90 mm, Information Interchange, 1,3 GB
ISO/IEC 15 041	MO 90 mm, Data Interchange, Capacity 640 MB
ISO/DIS 15 498	MO 90 mm, Data Interchange, 640 MB, HS-1 Format
ECMA 15994	WORM 130 mm, Information Interchange
ECMA 154	MO 90 mm, Data Interchange
ECMA 167/1994	WORM, Volume and File Structure
ECMA 238/1996	WORM 130 mm, Data Interchange, Capacity 2,6 GB, Volume and File Structure of WORM (Non Sequential Recording)
ISO/IEC 13 346/2	Part 2, Volume and Boot Block Recognition
ISO/IEC 13 346/3	Part 3, Volume Structure
ISO/IEC 13 346/4	Part 4, File Structure
ISO/IEC 13 490 1/1995	WORM, Information Technology, General
ISO/IEC 13 490 2/1995	WORM, Information Technology, Volume/File Structure

Eine Übersicht über alle existierenden DIN-Normen und ISO-Standards des Fachgebietes Mikrographie sowie die neuesten Informationen über die Arbeiten des DIN-Fachbereiches „Mikrographie" und des ISO Technical Committee 171 „Document Imaging Applications", erhalten sie von: DIN, Herrn Yehia Helmy, Tel: 0 30/26 01-24 22, Fax: 0 30/26 01-12 55. Dipl.-Ing. Heinz Müller-Saala, Leiter DIN-Fachbereich 4, Tel: 0 89/3 19-13 31, Fax: 0 89/3 19-13 28.

Entscheidungstabelle

Entscheidungsanalyse: Optische Datenträger zur Langzeitspeicherung

Medieneigenschaften

Bewertung (1 = geringe ... 10 = sehr gute Erfüllung)

Wiederbeschreibbares Medium	Mikro-film	Dry Silver	MO Disc	CD-R	CD-RW	Phase Change	Ablative WORM	Alloying WORM	Bubble WORM
	N	N	J/N	N	J	J/N	N	N	N
Lange physikalische Lebensdauer	10	2	4	2	1	2	2	1	1
Hohe Zugriffsgeschwindigkeit	1	1	10	7	7	7	7	7	7
Geringe Lagerungsansprüche	1	1	10	8	9	10	10	10	10
Weitverbreitete Technologie	10	10	4	10	3	1	1	1	1
Dauerhaft verfügbares Lesegerät	10	10	3	6	2	2	2	2	2

Anforderungsprofil

Ergebnispunkte (Bewertung * Wichtung)

	Wichtung									
Wiederbeschreibbarkeit nötig (J/N)	N	Eignung	Eignung	Eignung	Eignung	Eignung	Eignung	Eignung	Eignung	Eignung
Lange physikalische Lebensdauer	10	100	20	40	20	10	20	20	10	10
Hohe Zugriffsgeschwindigkeit	10	10	10	100	70	70	70	70	70	70
Geringe Lagerungsansprüche	10	10	10	100	80	90	100	100	100	100
Weitverbreitete Technologie	10	100	100	40	100	30	10	10	10	10
Dauerhaft verfügbares Lesegerät	10	100	100	30	60	20	20	20	20	20
Summe Ergebnispunkte		320	240	310	330	220	220	220	210	210
Erfüllungsgrad d. Benutzerprofils		64%	48%	62%	66%	44%	44%	44%	42%	42%
		Mikro-film	Dry Silver	MO Disc	CD-R	CD-RW	Phase Change	Ablative WORM	Alloying WORM	Bubble WORM

Abbildung 21: Entscheidungstabelle

Abbildungsverzeichnis

Abbildung 1: Übersicht optische Speichermedien 7
Abbildung 2: Archivvolumen und Mindestaufbewahrungsfrist 8
Abbildung 3: Aufzeichnungsverfahren „Ablative" 17
Abbildung 4: Aufzeichnungsverfahren „Alloying" 18
Abbildung 5: Aufzeichnungsverfahren „Bubble Forming" 18
Abbildung 6: Aufzeichnungsverfahren „Phase change" 19
Abbildung 7: Aufbau des Mikrofilms 24
Abbildung 8: Lebensdauererwartungen von konventionellen Mikrofilmen gemäß ANSI 25
Abbildung 9: Schematischer Aufbau einer CD-R 29
Abbildung 10: Aufbau einer MO-Disk 31
Abbildung 11: Lesen von MO-Daten 32
Abbildung 12: Schreiben von MO-Daten 32
Abbildung 13: Tabelle zur Entscheidungsanalyse 52
Abbildung 14: Standards für fest aufgezeichnete und für beschreibbare CDs 63
Abbildung 15: Sektorformat für Audio-Aufzeichnungen gemäß dem Red Book 64
Abbildung 16: Lead-In- und Lead-Out-Area und Spuren gemäß dem Red Book 65
Abbildung 17: Sektoraufteilung im Modus 1 und im Modus 2 66
Abbildung 18: Aufteilung eines Sektors im Modus 2 gemäß der CD-ROM/XA-Spezifikation 66
Abbildung 19: Multi-Session-CD mit zwei Sessions und vier Spuren 68
Abbildung 20: Aufbau eines Paketes 73
Abbildung 21: Entscheidungstabelle 82

Quellen und Literatur

U. Kampffmeyer/J. Rogalla: „Code of Practice" zum Einsatz von Dokumenten-Management- und elektronischen Archivsystemen. VOI Schriftenreihe, Kompendium Band 3, 1997.

O. Berndt/L. Leger: Dokumenten Management Systeme, Nutzen, Organisation, Technik. Neuwied: Hermann Luchterhand Verlag 1994.

Fachausdrücke Informationswirtschaft – Fachausdrücke, Abkürzungen und deren Definitionen. Eschborn: AWV-Eigenverlag, 2. erweiterte Auflage 1997. 133 Seiten A4. 32,– DM. Best.-Nr. 06 569.

Firmenschrift der Anacomp GmbH: Begriffe aus der Welt der Dokumentenverwaltung.

Rechtsaspekte des elektronischen Geschäftsverkehrs. Auf dem Weg zur Informationsgesellschaft, Kryptographietechnologien: Digitale Signatur und Verschlüsselung, Rechtliche Rahmenbedingungen – Hrsg. Dr. Ivo Geis. Eschborn: AWV-Eigenverlag 1999. 274 Seiten. 98,– DM. Best.-Nr. 06 592. ISBN 3-931193-23-3.

Die digitale Kommunikation – Rechtliche Aspekte elektronischer Geschäftsprozesse – Hrsg. Dr. Ivo Geis. Eschborn: AWV-Eigenverlag 1997. 238 Seiten. 98,– DM. Best.-Nr. 06 576. ISBN 3-931193-15-2.

Das digitale Dokument – Rechtliche, organisatorische und technische Aspekte der Archivierung und Nutzung – Hrsg. Dr. Ivo Geis. Eschborn: AWV-Eigenverlag 1995. 188 Seiten. 98,– DM. Best.-Nr. 06 500. ISBN 3-931193-05-5.

Innovative Entwicklungen bei der digitalen Bildarchivierung. Anwendungsbeispiele – Technische Probleme – Betriebswirtschaftliche Aspekte. Dokumentation eines AWV-Workshops im Rahmen der photokina Köln 1998. Eschborn: AWV-Eigenverlag 1999. 44 Seiten A4, 25,– DM. Best.-Nr. 06 596. ISBN 3-931193-26-8.

Einfluß von Informationstechnologien auf Archivierungsverfahren. Eschborn: AWV-Eigenverlag 1997. 48 Seiten A4. 39,– DM. Best.-Nr. 06 571. ISBN 3-931193-14-4.

Hybridsysteme – Analoge und digitale Speichertechniken im Verbund. Eschborn: AWV-Eigenverlag 1997. 60 Seiten A4. 39,– DM. Best.-Nr. 06 566. ISBN 3-931193-12-8.

Archivierung von DV-Informationen auf optischen Speicherplatten. Eschborn: AWV-Eigenverlag 1992. 84 Seiten A4. 35,– DM. Best.-Nr. 06 498.

GoBS und Qualitätssicherung gemäß DIN EN ISO 9001. Eschborn: AWV-Eigenverlag 1999. 44 Seiten. 25,– DM. Best.-Nr. 09597. ISBN 3-931193-28-4.

Grundsätze ordnungsmäßiger DV-gestützter Buchführungssysteme – GoBS Eschborn: AWV-Eigenverlag 1995. 16 Seiten A4. 18,– DM. Best.-Nr. 09 546.

Aufbewahrungspflichten und -fristen nach Handels- und Steuerrecht. Schriftgut – Mikrofilm – EDV-Dokumentation. Berlin – Bielefeld – München: Erich Schmidt Verlag, 7. überarb. Auflage 1999. 165 Seiten A5. 49,80 DM. AWV-Best.-Nr. 09 155. ISBN 3-503-03347-5.

Prozeßrechtliche Aspekte des Dokumenten-Managements mit elektronischen Speichersystemen. Eschborn: AWV-Eigenverlag 1993. 20 Seiten A4. 18,– DM. Best.-Nr. 06 531.

W. P. Murray/ K. Maekawa: J. Magn. Soc. Jpn., Vol. 20, Supplement No. S1 (1996), pp. 309-314.

M. Tsuchihashi/M. Akasawa: Test Procedure on Optical Disk Reliability, Mitsubishi Denki Giho, 66 (1992), pp. 43–48.

W. Nelson: Accelerated Testing, Wiley Interscience.

Ziele und Aufgaben der AWV

Die AWV – Arbeitsgemeinschaft für wirtschaftliche Verwaltung e. V., Eschborn, wurde 1926 mit dem Ziel gegründet, die Produktivität der Verwaltungsprozesse sowohl in Unternehmen als auch im öffentlichen Sektor zu erhöhen und den Erfahrungsaustausch mit der Wissenschaft zu fördern. Das Bundesministerium für Wirtschaft unterstützt die Arbeit der AWV durch öffentliche Mittel. Dies und die Rechtsform der AWV als gemeinnütziger Verein sichern ihre Unabhängigkeit sowie ihre organisatorische und fachliche Selbständigkeit.

Seit mehr als 70 Jahren fördert die AWV die Kommunikation zwischen Wirtschaft, Wissenschaft und öffentlicher Verwaltung. Sie hat an der Entwicklung der betrieblichen Verwaltungsorganisation und ihrer Produktivitätssteigerung maßgeblich mitgewirkt. Dazu gehört vor allem die Entwicklung innovativer Verfahren zur effizienten Organisation der Wertschöpfungsprozesse.

Konkrete Ziele für die nächsten Jahre sind:

- Produktivitätssteigerung administrativer Prozesse

- Steigerung der Wettbewerbsfähigkeit durch Verbesserung der Kommunikation zwischen Wirtschaft und Verwaltung

- Anwendungsbezogene Gestaltung der in vielen Vorschriften enthaltenen administrativen Pflichten

- Modernisierung des öffentlichen Sektors durch eine verstärkt unternehmerische Ausrichtung von Geschäftsprozessen

- Förderung und Weiterentwicklung des Einsatzes von Informations- und Kommunikationstechnologien

Heute zählen rund 200 Unternehmen, öffentlich-rechtliche Körperschaften, Verbände und Privatpersonen sowie mehr als 500 Führungskräfte aus Wirtschaft, Wissenschaft und öffentlicher Verwaltung zu den Leistungsträgern der AWV. Das ist die Grundlage für eine effiziente Wissensvermittlung und den Erfahrungsaustausch mit hohem Praxisbezug.

Die sachbezogene Zusammenarbeit mit Körperschaften und Verbänden sichert zusätzlich einen zeitgemäßen und anwendungsbezogenen Wissenstransfer.

Eine aktive und kritische Teilnahme am europäischen Einigungsprozeß ist für die AWV ein wichtiger Bestandteil ihrer Arbeit. Bei der Auswahl und Bearbeitung ihrer Themen setzt sie sich dafür ein, daß die europäische Integration gefördert wird.

Der Vorstand der AWV und die Mitglieder üben ihre Tätigkeit ehrenamtlich aus. Die AWV-Geschäftsstelle mit ihren 16 Mitarbeiterinnen und Mitarbeitern versteht sich als kunden- und marktorientiertes Dienstleistungsunternehmen. Wir organisieren, koordinieren und steuern die Projekt- und Gremienarbeit und sorgen für eine rasche Umsetzung der Ergebnisse. Ein eigener Verlag und ein effizientes Veranstaltungsmanagement sichern den Erfolg.